经典品译
APPRECIATING CLASSICS

译中国
INTERPRETING CHINA

◎ 王晓辉 著

敢问路在何方

《西游记》英译品读

CIPG | China Foreign Languages Publishing Administration 中国外文出版发行事业局

外文出版社 FOREIGN LANGUAGES PRESS

序

　　中华传统文化博大精深，源远流长。诸子百家，经史子集，诗词歌赋，琴棋书画，甚至盘飧杯酒，都是中国人物质和精神生活的写照，都能体现中华文明的特质和中华民族的底色。可以说，中华优秀传统文化本身就是最好的中国故事，是塑造可信、可爱、可敬中国形象的最佳素材。

　　《水浒传》《三国演义》《西游记》《红楼梦》并称四大名著，是中华优秀传统文化的代表，在中国家喻户晓，在全世界也有着广泛的影响。四大名著的对外传播，早在一百多年前就已经开始了，从节译到编译再到全译，一代又一代的中外学者筚路蓝缕，孜孜不倦，将中华文化的瑰宝呈现给海外读者。大卫·霍克斯（David Hawkes）为了专心致志翻译《红楼梦》，毅然辞去了牛津大学中文系主任的职务；《三国演义》的译者邓罗（C. H. Brewitt-Taylor），18 年呕心沥血翻译的手稿在 1900 年义和团运动期间遭到焚毁，但他没有放弃，而是一字一句又重新翻译了一遍，终于在 1925 出版，《三国演义》才有了第一个英文全译本。还有《水浒传》的译者赛珍珠（Pearl S. Buck）、沙博理（Sidney Shapiro）、约翰·登特–杨（John Dent-Young）等翻译家，以及更早的阿瑟·韦利（Arthur Waley）和翟理斯（Herbert Allen Giles）等人，都是传播中华优秀传统文化的先驱。孔子说："知之者不如好之者，好之者不如乐之者。"他们是真正的乐之者，不论条件多么艰苦，挑战多么巨大，他们都能锲而不舍，乐在其中。

为了学习和品读《西游记》的英译，我选了两个译本作为蓝本进行对比分析，一个是 *The Journey to the West*，译者是美国芝加哥大学华人学者余国藩教授（Anthony C. Yu），另一个是 *Journey to the West*，译者是英国利兹大学教授詹纳尔（W. J. F. Jenner）。这两个英译本分别由美国芝加哥大学出版社和中国外文出版社出版，是迄今为止在国内外影响极大、传播甚广的两个《西游记》英译本。

为了写这本《西游记》英译品读，我认真地重读了一遍原著，这让我注意到许多以前忽略的知识点和文化背景。借着这次写读书笔记的机会，我查阅了不少资料，填补了一些知识空白，对自己来说也是一次难得的充电机会。《西游记》里的人物除了唐僧，基本上都是虚构的，而且小说中的唐僧经过作者的艺术加工，与真实的玄奘相去甚远。为了揭开神话的面纱，还原一个真实的玄奘，我先是认真读了一遍《大唐西域记》和《大慈恩寺三藏法师传》，然后再动笔写玄奘的故事。关于孙悟空的来历，胡适和鲁迅提出了不同的观点，胡适认为孙悟空的原型是印度神话中的神猴哈努曼（Hanuman），而鲁迅则认为孙悟空的原型是《山海经》里的水兽无支祁。为了讨论孙悟空到底是进口的还是国产的，我购置了一套季羡林先生由梵文翻译的印度史诗《罗摩衍那》，又在 Kindle 上购买了电子书 *Ramayana*，将其中有关哈努曼的内容对照着读了一遍。有了一定的知识储备，我在讲述孙悟空和哈努曼的关系时就有了底气，虽然不能像前辈大师那样提出高超的见解，但也不至于空发议论，不着边际。

　　虽然从事了多年的翻译和对外传播工作，但

平心而论，自己在这两个方面还只是一个学生。重读原著和英文翻译的过程，对我来说，是一次极好的学习机会，既能重温古典名著深厚的文化内涵，又能欣赏高手的英文翻译。大师珠玉在前，我只有仰慕与学习的份儿，本不该品头论足，指手画脚。之所以不揣浅陋，就是想把自己对中华传统文化典籍翻译的理解与同行们一起切磋、推敲，起到抛砖引玉的作用。个人的学问、见识和中外文能力均有局限，书中错误和疏漏在所难免，敬请读者批评指正。

王晓辉

2023 年 11 月

目　录

《西游记》是怎样「游」向世界的？

与《红楼梦》和《三国演义》一样，《西游记》的英译也经历了一个由零散到完整、由节译本到全译本的过程。从现有的资料看，《西游记》最早见于英文文献是在1854年，而小说的正式翻译则始于1884年。最开始是连载于在华的外国人创办的报刊上，随后被收入以英文撰写的故事选集中，再以单行本的形式独立成书，最后从节译本过渡到全译本，经历了一百多年的时间。

　　节译本中影响最大的是阿瑟·韦利（Arthur Waley）的 *Monkey*。韦利出生在英国，他是一位伟大的汉学家，也是一个语言天才，精通汉文、满文、蒙文、希伯来文、梵文、日文和西班牙文等。韦利与中国文化结缘纯属偶然。1913年，他被大英博物馆聘为助理馆员，由于馆藏文物包括很多中国和日本的绘画，他开始学习中文和日文，以便为这些文物进行编目。偶然的交集却催生了一位杰出的汉学家，韦利一生的撰著和译著共200余种，其中很多与中国文化有关，包括《诗经》《论语》《道德经》《中国诗一百七十首》《九歌》《大招》，还有关于李白、白居易和袁枚三位中国诗人的文学传记。很遗憾，韦利只选译了《西游记》的三十个章回，不到原本的三分之一，但他的翻译却让孙悟空的故事在英语世界产生了很大影响，也启发了后来的译者。

《西游记》的全译本共有两个，一个是 *The Journey to the West*，译者是美国芝加哥大学教授余国藩（Anthony C. Yu）；另一个是 *Journey to the West*，译者是英国利兹大学教授詹纳尔（W. J. F. Jenner）。

余国藩 1938 年出生在中国香港的一个新派书香门第，祖父毕业于牛津大学，父亲毕业于剑桥大学。1941 年，日本占领香港，祖父余芸带领全家逃往内地。烽火羁旅，为减缓余国藩的恐惧感，祖父开始给他讲述一个和尚和猴子与猪西行取经的故事。余国藩回忆道："不管我们是在防空洞里，还是忙着从战火中逃命，我都为这些故事着迷，一再央求祖父讲述。"

1956 年，18 岁的余国藩赴美求学，在纽约州霍顿学院攻读英语文学，打下了坚实的英语基础。毕业后，就读于富勒神学院，后转入芝加哥大学神学院，1969 年获博士学位并留校任教。这时候，藏在他脑海深处的那只猴子开始翻跟斗，似乎是在提醒他：你小的时候我安慰你，给你解闷儿，现在你长大了，有学问了，还成了博士，该为我做点事了吧？

1970 年着手翻译《西游记》，1983 年付梓出版，13 年的努力付出，终成正果。

余国藩教授首先是一位学者，是芝加哥大学比较文学系、东亚语言与文明系、英语语言文学系和社会思想委员会的合聘教授，2000 年当选为美国艺术与科学院（American Academy of Arts and Sciences, AAAS）院士。翻译《西游记》只是他教学和研究工作之外的"业余爱好"。从余国藩教授的译本中很容易看出他作为一位学者的治学态度、文化素养和语言功力。为了让读者更好地了解《西游记》背后的文化和历史背景，余国藩教授写了详细的导读和近千条注释，仅这两项就差不多是一本书的篇幅。他的译文，除了释义，还尽可能保留原文中文化和宗教的色彩。对于一些关于儒释道的复杂概念，如正文中意不能尽，则一定会在注释中予以详细解释。有较好中英文基础的读者，如果能够沉下心来，从头到尾认真读一遍余国藩的《西游记》英译本，一定会受到语言、文学和宗教知识的全面洗礼。

《西游记》的另一位译者是英国利兹大学的

詹纳尔教授。他又是如何与《西游记》结下如此深厚的缘分呢？ 2016 年，詹纳尔在 *Los Angeles Review of Books*（《洛杉矶书评》）杂志上发表了一篇文章，讲述了他翻译《西游记》的缘起：

> A chain of lucky events led me to *Journey to the West*. It all started when I was a boy, 12 perhaps, stuck in bed with bronchitis and bored. My mother brought me a book she had found for me in a church jumble sale. It was a pocket-sized bookclub hardback bound in yellow cloth that soon drove the boredom away: Arthur Waley's *Monkey*. It was captivating, and fun, and that was that.

12 岁的詹纳尔得了支气管炎，躺在床上，百无聊赖。妈妈给了他一本从教堂慈善义卖会上买回来的口袋大小的精装故事书，他立刻来了精神，深深地被里面的故事所吸引。这本书就是阿瑟·韦利翻译的 *Monkey*。

I had no serious reasons for making the choice. The magic of *Monkey* was one factor. Another was the show put on by the Peking opera troupe that visited London in the mid-1950s. They put on the sort of excerpts to captivate ignorant foreigners and I was completely hooked. Apart from these memories I knew nothing about China and Chinese. My choice of subject and, as it turned out, of a life's work was based on little more than childhood memories of Sun Wukong and stage acrobatics, plus the intellectual snobbery of taking up a language that few people in England studied then.

除了韦利的节译本小说 *Monkey*,詹纳尔小时候还看过一场京剧。那是 20 世纪 50 年代中期,中国京剧团访问伦敦,上演了精彩纷呈的折子戏。一般在国外的京剧巡演，武打戏和猴戏都是必不可少的，目的是吸引那些对京剧一无所知的外国观众。小詹纳尔被彻底迷住了，用他的话说，就是"被勾住了"（hooked）。他日后选择在牛津大学学习中文，主要是出于儿时关于孙悟空和舞台杂技的记忆，再就是选择大多数英国人都不学的一种语言而带来自我满足感。

命运之手就是这么神奇。1963 年，刚刚毕业一年的詹纳尔接受了外文出版社的邀请，来到中国，开始了他的"东游记"。詹纳尔在外文出版社翻译的第一部作品是末代皇帝溥仪的自传《我的前半生》，因为当时中国尚未加入世界版权公约，所以外文出版社必须以最快的速度出版外文译本，否则就会有未经授权的翻译本抢先出版。1964 年，詹纳尔完成了《我的前半生》（*From Emperor to Citizen*）的翻译。外文出版社充分认可他的翻译，并邀请他翻译另一部作品——《西游记》。

从 1964 年开始，一直到 1985 年，20 多年的时间，詹纳尔完成了自己的夙愿，三卷本 *Journey to the West* 终于出版。

詹纳尔的翻译理念很简单，就是讲故事，英文翻译要融入故事情节当中：

> Because it is a long book, the language needed to flow with easy, unemphatic rhythms that lead readers through page after page without effort. Ideally they should forget that they are reading a translation.

《西游记》是一部长篇巨著，所以译本的语言必须平顺流畅，吸引读者毫不费力地一页一页读下去，最理想的状态是读者忘记了自己是在读一部翻译作品。

从事过口译的翻译都知道，应该尽量使用中性的语气，尽可能避免地域色彩过于强烈的语音语调。文学作品则不然，它的语言必须要有时代感，要鲜明生动，跃然纸上，如在耳目。

Tones of voice had to be right. The language could not be blatantly contemporary, as if the fantasy were happening right now. Nor could the idioms be too strongly those of any particular English-speaking place. Yet there had to be enough difference between the ways the main characters talk to bring them alive. The fast-thinking, fearless, worldly-wise and irreverent Sun Wukong could not sound like his ever-anxious, goody-goody, dim but self-important master.

口吻必须选对，就像唱歌要定好调子一样。首先不能用现代的大白话，好像唐僧取经的故事发生在今天一样；其次，在翻译成语和俚语的时候，不要使用专属于某一特定地方的英文方言，千万不能让观音菩萨听起来很英格兰，而猪八戒又很苏格兰。精灵古怪的孙猴儿和他那位迂腐木讷而又高傲的师傅唐僧所使用的也不应该是同一个话语体系。

总之,翻译难,翻译经典更难,把经典翻译成经典是难上加难。幸亏有余国藩教授和詹纳尔教授这样能跨越两种语言和文化又能苦心孤诣矢志不渝的翻译家,《西游记》才能"游"出中国,"游"向世界。

邓小平说,足球要从娃娃抓起。文化兴趣的培养,也应该从娃娃抓起。如果当年余国藩教授的祖父给他讲的不是《西游记》,而是另一个故事;如果当年詹纳尔的妈妈给他买的不是 *Monkey*,而是另一本书,他们长大后还会成为今天的余国藩和詹纳尔吗?

孙悟空是国产的还是进口的？

《西游记》在中国文学史上的地位比较特殊，它属于志怪小说，除了主线搭上玄奘取经的历史事实之外，几乎所有情节都是想象和虚构的。

既然讲的是唐僧取经的故事，主角当然应该是唐僧，但小说的作者却把唐僧描写成一个平庸忍让、怯于斗争、固执迂腐的和尚，把主角的位置给了能上天入地、变化多端、降妖捉怪的大徒弟孙悟空。

孙悟空是何许神也？我们常说，人都有父母，谁也不是从石头缝里蹦出来的，可孙悟空还就是从石头缝里蹦出来的。

《西游记》第一回:

那座山正当顶上,有一块仙石。其石有三丈六尺五寸高,有二丈四尺围圆。三丈六尺五寸高,按周天三百六十五度;二丈四尺围圆,按政历二十四气。上有九窍八孔,按九宫八卦。四面更无树木遮阴,左右倒有芝兰相衬。盖自开辟以来,每受天真地秀,日精月华,感之既久,遂有灵通之意。内育仙胞,一日迸裂,产一石卵,似圆球样大。因见风,化作一个石猴,五官俱备,四肢皆全。

我们来看这一段描述应如何翻译成英文:

There was once a magic stone on the top of this mountain which was thirty-six feet five inches high and twenty-four feet round. It was thirty-six feet five inches high to correspond with the 365 degrees of the heavens, and twenty-four feet round to match the twenty-four divisions of the solar calendar. On top of it were nine apertures and eight holes, for the Nine Palaces and the Eight Trigrams. There were no trees around it to give shade, but magic fungus and orchids clung to its sides. Ever since Creation began it had been receiving the truth of Heaven, the beauty of Earth, the essence of the Sun and the splendour of the Moon; and as it had been influenced by them for so long it had miraculous powers. It developed a magic womb, which burst open one day to produce a stone egg about the size of a ball.

When the wind blew on this egg it turned into a stone monkey, complete with the five senses and four limbs.

这段译文摘自外文出版社 1993 年出版的《西游记》英译本，译者是詹纳尔。译文结构简练，干净利落，与原文中说书讲故事的口吻十分契合。文中比较难翻译的是"九宫八卦""天真地秀，日精月华"。中国人都知道九宫格，但知道"九宫"的人就不多了，更何况外国读者呢。我曾问过身边的几个外国朋友，他们都知道 Eight Trigrams，也知道八卦的形状，但对于 Nine Palaces 大都不知所云，还有一个一口气罗列出世界上九个著名的宫殿：白金汉宫、故宫、卢浮宫、凡尔赛宫……

中国古代将天宫按井字划分为九个等份，分别为乾宫、坎宫、艮宫、震宫、中宫、巽宫、离宫、坤宫、兑宫，夜晚从地上观察星宿的位置和移动，由此确定方向和季节的变化。芝加哥大学教授余国藩将"九宫"译为 Palaces of Nine Constellations，似乎更近了一步。关于"天真地秀，日精月华"，詹纳尔是逐字翻译的："the truth of Heaven, the beauty of Earth, the essence of the Sun and the splendor of the Moon"，结构对等，清楚明了，十分难得。余国藩教授则采用了归纳的方法，将"真"与"秀"合并，"精"与"华"合并，译成"... it had been nourished for a long period, by the seeds of Heaven and Earth and by the essences of the sun and the moon"，也是一种很好的选择。

如此说来，这孙悟空与《红楼梦》里的贾宝玉来历倒是十分相似，都是由石头变来的。不过，想象归想象，孙悟空这个角色总得有个原型，或者想象的依据吧？对于这个问题，前辈学者已有研究。

鲁迅先生认为孙悟空的原型是古本《山海经》中的水怪无支祁，出生在豫南桐柏山中的花果山，形若猿猴，金目雪牙，轻利倏忽，曾率十几万山精水怪与大禹作战，战败被囚，压在淮河下游的龟山之下。这一点与孙悟空的人生经历倒也有几分相似。

胡适先生则认为印度神话故事中的神猴哈努曼是孙悟空的原型："我总疑心这个神通广大的猴子不是国货，乃是一件从印度进口的。"(《〈西游

记〉考证》)

在印度史诗《罗摩衍那》中有个神猴哈努曼，他的来历颇为神奇。有一天，印度教三大主神之一的湿婆神（Lord Shiva）和雪山女神帕尔瓦蒂（Parvati）化身为猴子玩耍时，怀上了孩子。但女神又不想生一个像猴子一样的孩子，于是湿婆神就派风神（Vayudeva）将胚胎移植到被贬为猴的天宫歌女（Anjana）的身体里。哈努曼是天神的种子，一出生便力大无穷，又得诸神的加持和赐福，所以神通广大，不惧水火，御风飞行。太阳神苏利耶（Suryadeva）甚至慷慨地将百分之一的光芒给了他。哈努曼善于变化，能移山跨海，也曾被一个妖怪吞入口中，他在妖怪的肚子里翻江倒海，杀死了妖怪之后又钻了出来。这与《西游记》第五十九回"唐三藏路阻火焰山，孙行者一调芭蕉扇"中孙悟空变作一只小飞虫钻进铁扇公主的肚子里又从嘴里飞出来的情节如出一辙。巧合的是，哈努曼的兵器是大神毗湿奴（Vishnu）

所赐，梵文叫 Gada，也是一根棒子，比连环画中孙悟空的如意金箍棒短一些，顶端还有个圆头。

在《罗摩衍那》（*Ramayana*，Romesh Dutt 译）中，哈努曼的形象一直是神通广大、忠诚勇敢的：

> Hanuman of sun-like radiance, lofty as a hill of gold,
>
> Clasped his hands in due obeisance, spake in accents calm and bold.

哈努曼像太阳般金光闪闪，

如金山一般高大伟岸，

他双手合十态度恭谦，

语气中带着坚定和勇敢。

> Crossed the ocean's boundless waters, Hanuman in duty brave,
>
> Lighted on the emerald island girdled by the

sapphire wave,

And in tireless quest of Sita searched the margin of the sea,

In a dark Asoka garden hid himself within a tree.

勇敢的哈努曼，跨过无际的海洋，
落在浪花环绕的绿岛上；
他不知疲惫沿着海岸寻找悉多，
来到阿育王城一个幽深的花园，
在大树上将真身隐藏。

Dark-eyed chief Dhumraksha sallied with the fierce tornado's shock,

Hanuman of peerless prowess slayed him with a rolling rock.

乌眼悍将杜木茹阿克沙从城内冲出，

气势汹汹仿佛雷霆震怒；

神勇的哈努曼所向无敌，

滚动巨石将对手击毙。

　　鲁迅和胡适都是考据大师，且学贯中西。鲁迅的《中国小说史略》至今仍是立标扛鼎之作；胡适是哲学家、文学家和思想家，也是一位极具历史感的学者，所著《两汉人临文不讳考》及其对《水经注》的考证，都是他考据功夫的最好体现。鲁迅和胡适，无论是研究方法、思想深度还是对史料的掌握，绝非我辈所能望其项背，所以两位大师的观点，我都心悦诚服。季羡林先生则认为孙悟空的原型是综合了中国神话中的无支祁和印度神话中的哈努曼。季先生是这样说的：“我看孙悟空这个人物形象，基本是从印度《罗摩衍那》中借来的，又与无支祁传说混合，沾染上一些无支祁的色彩。这样恐怕比较接近于事实。”季先生这种在鲁迅和胡适之间折中的观点似乎更有道理。

无支祁是本土妖精，有关他的传说，自《山海经》成书（战国至汉初）以来，流传至今，自然会启发历代说书人和小说作者的想象。只是这个妖精比较凶残，不怎么招人喜欢。

印度神猴哈努曼的传说，在史诗《罗摩衍那》（约公元前 300 年）出现之前就已广泛流传，而且在印度、泰国、斯里兰卡、印度尼西亚和中国都有哈努曼的神庙，至今香火不断。自汉代张骞出使西域以来，中国与印度和东南亚各国交往密切，丝路之上，僧众往还，商旅不断，哈努曼的神话必定会沿着丝绸之路传入中国。哈努曼神通广大，聪明机智，忠诚勇敢，一定会受百姓和说书人的喜欢，而丝绸之路又是玄奘西行的必经之路，所以说书人和小说家把他们两个撮合在一起也是合情合理的。一个有趣的佐证就是敦煌壁画中的"玄奘取经图"，共有六幅，绘制在瓜州西夏时代的洞窟里，是中国最早的玄奘取经图，上面已有牵马猴子的形象。

　　无论是国产的还是进口的，或者是"中外合资"的，孙悟空都是中国文学作品中塑造得最为生动的形象。我从小就喜欢孙悟空，《三打白骨精》的小人儿书不知道翻看了多少遍，还经常幻想自己也能拥有一根如意金箍棒。2016 年出访印度时，我在新德里一家工艺品商店里看到了一尊哈努曼的小铜像，爱不释手，当即买下，至今还摆在家里的柜子上。

历史上真实的

玄奘

鲁迅先生在 20 世纪 30 年代中华民族最危难的时刻，写了一篇杂文，题目是《中国人失掉自信力了吗？》。鲁迅先生说："我们从古以来，就有埋头苦干的人，有拼命硬干的人，有为民请命的人，有舍身求法的人，……这就是中国的脊梁"。

　　舍身求法的人中，最杰出的代表当属玄奘。玄奘西行取经，行程五万里，历时 17 年，穿沙漠，过草原，翻越帕米尔高原，历经千难万险。他带回并翻译的佛教经典，将佛教在中国的发展推向一个新的高峰；他游学古印度诸国，让古老的印度看见了中华文明灿烂的光芒；由他口述，辩机编撰的《大唐西域记》，成为记录古代中亚、南亚各国史地风土的文化巨著。

时间过去了 1300 多年，玄奘的背影逐渐模糊，取而代之的是神话小说《西游记》中唐僧的形象。真实的历史逐渐演变成神话，小说《西游记》成了玄奘西行这段真实历史的面纱。现在，就让我们揭开这层面纱，怀着崇敬之心，回看历史上真实的玄奘。

玄奘的故事还要从公元 627 年说起（关于玄奘出行的时间还有不同的说法）。那一年秋天，一场突然降临的霜灾，毁掉了关中平原所有的庄稼。大唐王朝立国不久，尚无充足的粮食储备应对饥荒，许多百姓逃难谋生。逃难的队伍中，有一位年轻僧人，他就是玄奘。

玄奘出城，并非逃荒，他的目的地是遥远的印度，佛祖诞生的地方。从走出城门的那一刻开始，这位二十多岁的僧人将踏上孤独的旅程，开始一场史诗般的人类文明交流史上的壮举。

玄奘俗姓陈，名祎，河南偃师缑氏镇人，生于隋文帝仁寿二年（公元 602 年，另有公元 600 年说），祖上世代为官，其父为避隋末之乱，辞官回乡，潜心研究国学经典。玄奘少时，家遭变故，父母相继去世，只能跟随二哥入住东都净土寺，并于大业八年（公元 612 年）剃度出家，潜心学习经论。

玄奘天生聪慧，性格沉稳坚毅，儒学根底扎实，又肯钻研，故佛学造诣日益精进。长大后，他游历各地，遍访高僧大德，当时长安两位高僧法常和僧辩称其为"释门千里之驹"。然而，玄奘却时常陷入困惑，关于佛的本性，凡人能否成佛，特别是当时佛教不同派别各持己见，相争不下，"验之圣典，亦隐显有异，莫知适从"。于是，玄奘决定西行求法，去天竺拜佛求经。贞观元年（公元 627 年，另有公元 628 或 629 年说），玄奘约了志同道合的僧人，上书朝廷，请求西行，却未获批准。因为当时唐朝边境未稳，正在准备与突厥开战，所以禁止百姓出境。其他僧人都退却了，只有玄奘不改初衷，"冒越宪章，私往天竺"。

《大慈恩寺三藏法师传》记载，玄奘幼年时，母亲做了一个梦，梦见儿子身着白衣，骑一匹白马，向西而去。母亲问儿子要去哪里，他的回答是去西天求法。也许，这就是天意吧。但现实中的玄奘西行，却一点儿也没有白马王子的潇洒，而是昼伏夜行，十分狼狈，往往是前脚刚刚离开，后脚官府的通缉文书就到了。凉州、瓜州、玉门关是必经的关隘，如果能幸运地闯过去，再往西走，就是西域了。

关于凉州、瓜州和玉门关，今天的我们只能从唐诗中依稀觅得一些踪迹。

黄河远上白云间，一片孤城万仞山。

羌笛何须怨杨柳，春风不度玉门关。

——王之涣《凉州词》

葡萄美酒夜光杯，欲饮琵琶马上催。

醉卧沙场君莫笑，古来征战几人回。

——王翰《凉州词》

很难想象，玄奘这个僧人是怎样穿过壁垒森严的边塞的。《大慈恩寺三藏法师传》记载，玄奘夜晚偷偷去烽火台下的水塘中取水，差一点被守军的弓箭射中。亏得守烽火台的校尉王祥是虔诚的佛教徒，玄奘才得以脱身。出关的过程，危机重重，一旦被抓，即是死罪，但奇怪的是玄奘总能化险为夷。靠的是理想信念？肯定没错。靠的是一点运气？也没有错。除此之外，也许还有他精深的佛学造诣和英俊庄严的仪表，就是我们今天说的人格魅力，让人见了马上就会产生喜欢、信服、钦佩和敬畏之感，连贼盗见了他都觉得"仪容伟丽，体骨当之"。《西游记》小说的作者也把玄奘描写成一个美男子，搞得很多女妖精都喜欢唐僧。

越过边境之后，玄奘再也不用东躲西藏了，因为根本就见不到人影，他面对的是八百里沙海——莫贺延碛。《大慈恩寺三藏法师传》记载了玄奘走进莫贺延碛时的心情："上无飞鸟，下无走兽，复无水草。是时顾影唯一，心但念观音菩萨及《般若心经》。"茫茫大漠，曾吞噬过无数行人的生命，玄奘一人一马，一边辨认前人留下的痕迹，一边缓慢前行。行走了一百多里后，可怕的事情还是发生了——玄奘迷路了。大漠之中，一旦迷路，就只能在里面打转转，走出去的可能性几乎为零。慌忙之间，盛水的皮囊又掉在了地上，洒得一滴不剩。《大慈恩寺三藏法师传》记录了当时的景象："是时四顾茫然，人鸟俱绝。夜则妖魑举火，烂若繁星，昼则惊风拥沙，散如时雨。"玄奘说的"妖魑举火"，肯定不是妖怪点灯，很可能是沙漠里闪烁的磷火，也可能是他陷入昏迷之前出现的幻觉。连续五天四夜滴水未进，玄奘昏倒在沙漠中，生命似乎走到了尽头。到了第五天夜里，一阵凉风，将玄奘强大的生命力唤醒，那匹又瘦又老的枣红马也站了起来，引着他找到了一处长满青草的池塘。靠着青草和池水，玄奘才得以保全性命。他在草池边休息了一天，第二天盛水取草出发，"更经两日，方出流沙到伊吾矣。此等危难，百千不能备叙"。

唐代初期的丝绸之路上，分布着无数大大小小的国家，据《大唐西域记》记载，玄奘共经过了110个国家。一路上，既有信奉佛教的国王热切挽留和慷慨帮助，也有土匪强盗劫掠杀戮，更有高山大河的拦阻和严寒酷暑带来的极限挑战。凭借着对佛法的坚定信念和超乎常人的意志，玄奘向死而生，终于在公元631年的秋天，抵达他心中的圣地那烂陀寺。

那烂陀寺遗址位于今印度北部的比哈尔邦，相传释迦牟尼佛和弟子舍利弗，也就是《摩诃般若波罗蜜多心经》中的舍利子，都曾在那烂陀寺讲经说法。玄奘拜高僧戒贤法师为师，系统学习

《瑜伽师地论》《中论》《百论》等佛学经典，同时精研梵文。后又游学各地，在多次辩经中使当地高僧折服，成为享誉印度的一代宗师。

然而，玄奘的心还在大唐。贞观十五年（公元 641 年），玄奘踏上了回国的旅程，又一次渡过印度河，又一次翻过帕米尔高原，同样艰辛的历程，又重走了一遍。在渡过印度河时发生了一次意外。《大慈恩寺三藏法师传》记载，玄奘一行到达了今巴基斯坦北部的呾叉尸罗国，"停七日，又西北行三日至信度大河，河广五六里，经、像及同侣人并坐船而进，法师乘象涉渡。时遣一人在船看守经及印度诸异华（花）种，将至中流，忽然风波乱起，摇动船舫，数将覆没，守经者惶惧堕水，众人共救得出。遂失五十夹经本及华（花）种等，自余仅得保全。"翻船落水，丢失经卷，这个情节与《西游记》中唐僧经历的第八十一难几乎一模一样。很明显，《西游记》的作者借鉴了《大慈恩寺三藏法师传》的记载。

玄奘万里归来，除了经书，还携带了印度奇花异草的种子，这应该是他多年在沿途各地收集来的。这也说明他是一个很有生活情趣的人。

回程途中，玄奘翻过大雪山，经新疆南路的疏勒、于阗、楼兰等地，贞观十九年（公元645年）正月回到长安。玄奘共带回梵文佛典520夹，657部。

经过17年的学习游历，玄奘不仅成为精通佛学的高僧，其政治智慧和对人情世故的洞察力也远在常人之上。他知道，自己的使命还没有完成，真正的事业才刚刚开始。要想在大唐翻译佛经，弘扬佛教，必须得到皇帝的支持。在还没有进入大唐国境的时候，玄奘就上书唐太宗，首先承认自己当年"冒越宪章，私往天竺"的错误，同时，将取经的圆满成果归功于皇帝，称"虽风俗千别，艰危万重，而凭恃天威，所至无鲠，仍蒙厚礼"。

回到长安后，玄奘一面翻译佛经，一面按

照唐太宗的旨意，撰写《大唐西域记》，记录西行求法的所见所闻。此书于他回到长安的第二年（公元 646 年）成书，并献给太宗皇帝。玄奘这么做，并不是为了个人前途，而是为了取得皇帝和朝廷的支持以弘扬佛法。

唐太宗和唐高宗均对玄奘礼敬有加，设立译经院，由玄奘主持，翻译佛经，还修建了大慈恩寺和专门存放佛经的大雁塔。

今天，更多的人是通过《西游记》知道玄奘的故事，真实的历史与虚构的神话重叠在一起，已经模糊了他的形象。然而，当我们翻开《大唐西域记》和《大慈恩寺三藏法师传》的时候，便如同打开了一扇通往那个时代的大门，玄奘仿佛又从历史中向我们走来。在我心中，玄奘是少年早慧、佛前念经的小和尚，是目光坚毅、凝望西天的年轻僧人，是横绝沙漠、翻越雪山的行者，是雄辩滔滔、誉满天竺的高僧，是苦心孤诣、笔耕不辍的翻译家，是背着竹筐、端着簸箕与工匠们一起修建大雁塔的实干家……

由于玄奘的崇高声誉和影响力，本来属于一个群体的名词，如"唐僧""三藏法师""唐三藏"，却成了玄奘的专属称呼。在英语里，大写的 Tang Monk 也只有玄奘当得起。

印度神话中的

神猴哈努曼

印度是一个宗教的国度，也是一个神话的国度，就像林语堂在《中国印度之智慧》（*The Wisdom of China and India*）一书中说的，印度人沉醉于神的世界，除了犹太人，世界上没有任何一个民族具有印度人那样强烈的宗教热情（India is a land and a people intoxicated with God… I doubt there is a nation on earth that equals the Hindus in religious emotional intensity except the Jews.）。据说，印度教有三亿三千万个神，与印度人口的比例大约是 1 比 4。

印度众神当中，最为中国人所熟悉的要数神
猴哈努曼了。哈努曼和《西游记》里的孙悟空有
太多相似的地方，因此，不少学者如胡适和陈寅
恪都认为孙悟空的原型就是哈努曼，而鲁迅则认
为孙悟空的原型来自《山海经》里的水兽无支祁。
真实的历史都存在争议，更何况神话传说呢？不
过，我们来了解一下哈努曼的故事倒是应该的。

哈努曼的传说起于何时已不可考，但是在印
度最古老的文献《梨俱吠陀》（*Rig Veda*）中就能
找到哈努曼的影子。天神因陀罗（Indra）与妻子
的对话中就提到了一个精力充沛、强壮有力的猴
子。《梨俱吠陀》成书于公元前 1500 年至前 1200
年。可以推测，在吠陀时代之前，关于神猴的传
说就已经开始在民间流传了。史诗《罗摩衍那》
（公元前 3 世纪)中，哈努曼已经是一个移山跨海、
叱咤风云的重要角色了。神话传说的源头很难追
溯，只能用一句 long long ago 来表达了。

关于哈努曼的身世，传说的版本很多。《罗

摩衍那》中关于哈努曼的来历是先从他的母亲

Anjana 说起的：

> Her heavenly title heard no more,
>
> Anjana was the name she bore,
>
> When, cursed by Gods, from heaven she fell
>
> In Vanar form on earth to dwell,
>
> New-born in mortal shape the child
>
> Of Kunjar monarch of the wild.
>
> In youthful beauty wondrous fair,
>
> A crown of flowers about her hair,
>
> In silken robes of richest dye
>
> She roamed the hills that kiss the sky.
>
> Once in her tinted garments dressed
>
> She stood upon the mountain crest,
>
> The God of Wind beside her came,
>
> And breathed upon the lovely dame.
>
> And as he fanned her robe aside

The wondrous beauty that he eyed

In rounded lines of breast and limb

And neck and shoulder ravished him;

And captured by her peerless charms

He strained her in his amorous arms.

　　哈努曼的母亲本是天女，被神灵诅咒贬到凡间，化身为一个猴女，名叫 Anjana。毕竟是天女的底子，来到凡间依旧美丽动人；不仅动人，连风神都被她打动了。一天，Anjana 头戴花冠，身穿五彩丝袍，悠游于高山之巅，恰好被经过的风神看见。风神对 Anjana 一见钟情，当即向她表达爱意：

"O, be not troubled, nor afraid.

But trust, and thou shalt know ere long

My love has done thee, sweet, no wrong.

So strong and brave and wise shall be

The glorious child I give to thee.

Might shall be his that naught can tire,

And limbs to spring as springs his sire."

Thus spoke the God; the conquered dame

Rejoiced in heart nor feared the shame.

Down in a cave beneath the earth

The happy mother gave thee birth.

"不要担忧，不要害怕，你很快就会知道我是多么爱你。我将给你一个值得夸耀的儿子，他的力量、勇气和智慧无与伦比；他力大无穷，能像他的父亲一样腾跃自如。"

风神的话打动了她，满怀欣喜的 Anjana 不再羞怯害怕；在地下的洞穴中，Anjana 成了快乐的妈妈。

神的儿子一出生就不同凡响：

Once o'er the summit of the wood

Before thine eyes the new sun stood.

Thou sprangest up in haste to seize

What seemed the fruitage of the trees.

Up leapt the child, a wondrous bound,

Three hundred leagues above the ground,

And, though the angered Day-God shot

His fierce beams on him, feared him not.

Then from the hand of Indra came

A red bolt winged with wrath and flame.

The child fell smitten on a rock,

His cheek was shattered by the shock,

Named Hanuman thenceforth by all

In memory of the fearful fall.

有一天，风神的儿子看到初升的太阳挂在树梢上，误以为是树上的果实，便一跃而起，奔着"果子"而去。这一跃就是 1500 公里（英文原文为 three hundred leagues。league [里格]，长度单位，约等于 3 英里）。愤怒的日神发出强烈的光芒，却没有把他吓退。此时，"众神之王"因陀罗出手干预，红色的霹雳带着愤怒的火焰击中了他的下颚，把他打落在一块岩石上。从此，风神的儿子就被称为哈努曼，意思是"其颚被击者"。

看到自己的儿子躺在岩石上，双眼紧闭，下颚流血，风神又心疼又愤怒：

The wandering Wind-God saw thee lie

With bleeding cheek and drooping eye,

And stirred to anger by thy woe

Forbade each scented breeze to blow.

The breath of all the worlds was stilled,

And the sad Gods with terror filled

Prayed to the Wind, to calm the ire

And soothe the sorrow of the sire.

His fiery wrath no longer glowed,

And Brahma's self the boon bestowed

That in the brunt of battle none

Should slay with steel the Wind-God's son.

Lord Indra, sovereign of the skies,

Bent on thee all his thousand eyes,

And swore that ne'er the bolt which he

Hurls from the heaven should injure thee.

风神一怒之下，停止了风的流动，结果整个世界的呼吸都停了下来。众神惶恐不已，都来求告风神。梵天亲自为哈努曼祝福，赐予他金刚不坏之躯，在战斗中刀枪不入。众神之王因陀罗用身上一千只眼睛望着哈努曼发誓，天上的雷电再也不可能伤害到他。

哈努曼力大无穷，上天入地，移山跨海，无所不能。在《罗摩衍那》中，哈努曼受阿逾陀国罗摩王子之托，去寻找他被魔王劫走的妻子悉多。路上，哈努曼遇到了无数艰难险阻，有神灵的考验，也有妖魔的阻拦，但所有的艰险，都没能让他停下脚步。其中有一个情节，与《西游记》中"唐三藏路阻火焰山，孙行者一调芭蕉扇"的故事非常相似。

蛇神 Surasa 化身为凶恶的罗刹，从海中跃出，拦住哈努曼的去路，用令人生畏的声音喝道：

> "Come, prince of Vanars, doomed to be
>
> My food this day by heaven's decree.
>
> Such boon from ages long ago
>
> To Brahma's favouring will I owe."

来吧，猴族的王子，

你今天注定要成为我口中之食。

这是梵天的旨意，

多年前给予我的恩赐。

哈努曼告诉蛇神，他是去寻找悉多的，完成

任务之后就会回来，把自己送到蛇神口中。可是蛇神一定要试试哈努曼的能力和胆量：

> "Nay, hope not thus thy life to save;
>
> Not such the boon that Brahma gave.
>
> Enter my mouth," was her reply,
>
> "Then forward on thy journey hie!"

不行！别指望这样就能救你的命，

梵天没有给过这样的指令。

先到我的嘴里来，

然后再继续你的旅程！

无奈之下，哈努曼只有同蛇神斗智斗勇。只见他的身躯瞬间变大，足有 50 公里高，可蛇神变的妖魔张开大嘴，竟有 100 公里宽。哈努曼身子再拔高，妖魔的嘴就跟着变宽。聪明的哈努曼急中生智，施展法力突然变回拇指大小，冷不防跳进妖魔的口中，然后又一个筋斗，翻身跃出。

这时，蛇神变回原型，对哈努曼说：

> "Then, forward to the task, and may
> Success and joy attend thy way!
> Go, and the rescued lady bring
> In triumph to her lord and king."

"去吧，去完成你的使命，
成功与喜悦会伴你前行！
去吧，救出女主人悉多，
顺利地把她交给君王罗摩。"

此后，哈努曼用同样的方法钻进女妖 Sinhika 的腹中，在里面翻江倒海，杀死了妖魔，一跃而出。再后来，哈努曼跋山涉水，历尽千辛万苦，终于在魔王罗波那的楞伽国中找到了悉多，并帮助罗摩打败了罗波那。哈努曼因聪明智慧、勇敢忠诚和坚忍不拔，成了最受人喜爱的神话人物。在印度，信奉印度教、锡克教、耆那教的人都相信，信奉崇拜哈努曼能够驱灾辟邪，不受恶魔的侵害。

怎么样？哈努曼的这些本领，是不是很像孙悟空？

除了《罗摩衍那》，印度另一部伟大史诗《摩诃婆罗多》（*Mahabharata*）中也有哈努曼的故事。不仅如此，哈努曼早已走出印度，在南亚其他国家、东南亚、中亚、伊朗北部地区和中国西部地区都有不同版本的哈努曼故事和哈努曼神庙。在泰国，还有一种传统的民间表演 Ramlila，类似《罗摩衍那》故事的再创作，但主角变成了哈努曼。

中国和印度两个文明古国，各有一个神猴——中国的孙悟空和印度的哈努曼。无论这两只猴子有没有亲属关系，都可以作为中印文化交流互鉴的样板，因为在他们身上，寄托着人类最浪漫的想象和最珍贵的品质，那就是聪明、忠诚和勇敢。

三家融合的《西游记》

《西游记》小说成书于明代中叶，在此之前，玄奘取经的故事已经流传了数百年。经过多少代说书人的添枝加叶，又吸收了儒家的正统思想和道家的玄幻观念，让这个原本是佛教的取经故事，具有了儒家的底色和道家的背景。

　　玄奘西行，在今天看来是"乘危远迈，杖策孤征"的壮举，但在当时却是严重的违法行为，属于偷越国境。贞观初，唐王朝一度封闭河西一带，严禁百姓擅自西行。玄奘为西行求法，曾上书朝廷，但未获批准，所以才"冒越宪章，私往天竺"。可是到了《西游记》小说里，玄奘的"私往天竺"却成了"奉旨西行"，蒙上了一层忠君色彩。《西游记》第十二回：

那菩萨祥云渐远，霎时间不见了金光。只见那半空中，滴溜溜落下一张简帖，上有几句颂子，写得明白。颂曰："礼上大唐君，西方有妙文。程途十万八千里，大乘进殷勤。此经回上国，能超鬼出群。若有肯去者，求正果金身。"

……（太宗）当时在寺中问曰："谁肯领朕旨意，上西天拜佛求经？"问不了，旁边闪过法师，帝前施礼道："贫僧不才，愿效犬马之劳，与陛下求取真经，祈保我王江山永固。"唐王大喜，上前将御手扶起道："法师果能尽此忠贤，不怕程途遥远，跋涉山川，朕情愿与你拜为兄弟。"玄奘顿首谢恩。唐王果是十分贤德，就去那寺里佛前，与玄奘拜了四拜，口称"御弟圣僧"。玄奘感谢不尽道："陛下，贫僧有何德何能，敢蒙天恩眷顾如此？我这一去，定要捐躯努力，直至西天。如不

到西天，不得真经，即死也不敢回国，永堕沉沦
地狱。"

詹纳尔教授的译文：

The Bodhisattva's magic cloud slowly faded into the distance, and a moment later the golden light could be seen no more. All that was visible was a note drifting down from the sky on which could be read the following brief address in verse:

"Greetings to the Lord of the Great Tang.

In the West are miraculous scriptures.

Although the road is sixty thousand miles long,

The Great Vehicle will offer its help.

When these scriptures are brought back to your country

They will save devils and deliver the masses.

If anyone is willing to go for them,

His reward will be a golden body."

...The Emperor then asked those present in the monastery, "Who is willing to accept our commission to go to the Western Heaven to visit the Buddha and fetch the scriptures?" Before he had finished his question, the Master of the Law came forward, bowed low in greeting, and said, "Although I am lacking in ability, I would like to offer my humble efforts to fetch the true scriptures for Your Majesty and thus ensure the eternal security of your empire." The Tang Emperor, who was overjoyed to hear this, went forward to raise him to his feet. "Master," he said, "if you are prepared to exert your loyalty and wisdom to the full, not fearing the length of the journey or the rivers and mountains you will have to cross, I shall make you my own sworn brother." Xuanzang kowtowed to thank him. As the Tang Emperor was indeed a man of wisdom and virtue he went to a place before the Buddha in the monastery where he bowed to Xuanzang four times, calling him "younger brother" and "holy monk". Xuanzang thanked him effusively. "Your Majesty," he said, "I have no virtue or talent that fits me for the sacred honour of being treated as your kinsman. On this journey I shall give my all and go straight to the Western Heaven. If I fail to reach there or to obtain the true scriptures, then I shall not return to this country even in death, and shall fall for eternity into Hell."

"颂子"又称"偈颂"或"偈子"，梵文 gatha，音译"偈陀"，是佛经中的唱词，形式与诗歌类似。詹纳尔没有采用梵文音译，而是将颂子直接翻译成 verse，更便于英语读者理解。"大乘"和"小乘"用梵文说是 Mahayana 和 Hinayana，英文翻译成 Great Vehicle 和 Little Vehicle。大乘与小乘并非字面上大车与小车之间的差别，而是在学说体系和修行方式上有所区别。余国藩教授用了梵文 Mahayana，更多地保留了宗教色彩；詹纳尔给出的翻译是 Great Vehicle，更容易让读者接受。关于"正果金身"，简单理解就是功德圆满，修行成佛。按原文直译成 golden body 反而不易理解，外国读者会不会以为玄奘取得真经后就变成了一个 24K 的金人呢？如此，倒不如译为"成佛"更好：If someone is willing to go for the scriptures, he will become a Buddha."犬马之劳"，词典上的翻译是 serve like a dog or a horse，放在本文的语境下，詹纳尔采用意译的方法，译成：I would like to offer my humble efforts to fetch the true scriptures for Your Majesty.

玄奘不仅拿到了"护照""签证"，还与唐王李世民拜了把子，成了"御弟"，西行的目的在求取真经之外，又加上了"祈保我王江山永固"，性质也自然由原本的个人行为变成了"公务出国"。临行前，玄奘对弟子说："我已发了洪誓大愿，不取真经，永堕沉沦地狱。大抵是受王恩宠，不得不尽忠以报国耳。"这哪里还是玄奘，简直就是岳飞！

如果读者稍加留心，就不难发现，唐僧、孙悟空、猪八戒嘴里时不时都会冒出儒家的话语，而且非常恰当得体，让人觉得他们对儒学经典比对佛经还要熟悉。

《西游记》第二十七回，也就是"孙悟空三打白骨精"那个桥段，白骨精变身村姑，借口施舍斋饭来诱骗唐僧。唐僧却对她说："女菩萨，你语言差了。圣经云：'父母在，不远游，游必有方。'你既有父母在堂，又与你招了女婿，有愿心，教你男子还，便也罢，怎么自家在山行走？又没个侍儿随从。这个是不遵妇道了。"

唐僧不知身处险境，还振振有词地用孔夫子的话来教训妖精，一副老派儒生的口吻。"父母在，不远游，游必有方"出自《论语·里仁》，是孔夫子关于"孝"的论述，言语通俗，道理简单，也是普通老百姓常说的一句话。

詹纳尔教授的译文：

When father and mother are alive, do not go on long journeys; if you have to go out, have a definite aim.

余国藩教授的译文：

While father and mother are alive, one does not travel abroad; or if one does, goes only to a proper destination.

中国外文局原局长林戊荪先生的译文：

The Master said, "Do not travel to distant places when your parents are alive. If you have to do so, always let them know where you are."

孔夫子的伟大之处在于洞悉人性，他用最为平常的话语说出了天下父母的心声。林先生的翻译也是如此，仿佛是孔夫子在用英文唠家常。也许，这就是大道至简吧。

孙悟空虽是个"泼猴"，说起话来也能引经据典。《西游记》第三十一回，孙悟空对百花羞公主说："盖'父兮生我，母兮鞠我。哀哀父母，生我劬劳！'故孝者，百行之原，万善之本，却怎么将身陪伴妖精，更不思念父母？非得不孝之罪，如何？"公主闻此正言，半晌家耳红面赤，惭愧无地。

如果不看上下文，单独把这段话拿出来，读者一定会以为是出自一位饱学鸿儒之口。"父兮生我，母兮鞠我。哀哀父母，生我劬劳！"这四句，源自《诗经·小雅》，意思是"父亲生我，母亲养我，可怜的父母把我养大，付出了太多的辛劳"！

这是远离家乡在外服徭役的人思念父母的

诗，情感真挚，疾痛惨怛，读之令人嗟叹不已。

詹纳尔教授的译文：

> My father begot me,
>
> My mother raised me.
>
> Alas for my parents,
>
> What an effort it was to bring me up.

《诗经》是中国现存第一部诗歌总集，收录的是西周初年到春秋中叶的诗歌，所以詹纳尔在翻译这首诗的时候用了一个很古旧的词 beget（to become the father of a child），是"生"的意思，通常用于男性，如《圣经》中的 Isaac begot Jacob（以撒生了雅各）。原文中的"哀哀"是感叹父母可怜，用 Alas 表达悲伤的情绪似乎比直接说 my poor parents 更加贴切。最后一句，What an effort it was to bring me up，节奏上与前三句似乎不搭。可以考虑将 it was 省去，将 bring me up 替换成

support me，这样结构简练，也呼应了前两句的me，读起来更有诗的感觉。

说了儒家的底色，我们再来看看《西游记》小说中道家的元素。道教是中国本土宗教，如果从开山祖师老子算起，已有2500多年的历史了。人们追求长生不老、升天成仙，与道家清静无为的思想和玄幻的宇宙观一拍即合，所以，道家传说中有很多有级别的神仙，如太上老君、太白金星、真武大帝、太乙天尊、镇元大仙、二郎神、托塔天王李靖等。这些神仙，或与孙悟空交过手，或在唐僧取经途中提供过帮助，他们的加盟，让《西游记》充满了想象的魅力和奇幻的色彩。

孙悟空的师傅须菩提祖师，听名字像是佛家，但那派头，怎么看都像道家。石猴当年访仙拜师，出门来接引他的是个仙童。但见他：

髽髻双丝绾，宽袍两袖风。

貌和身自别，心与相俱空。

物外长年客，山中永寿童。

一尘全不染，甲子任翻腾。

梳着抓髻穿着宽袍，完全是一副道童的打扮。那么，孙悟空的师傅须菩提祖师又是怎样给弟子讲道的呢？

妙演三乘教……

说一会道，讲一会禅，

三家配合本如然。

余国藩教授的译文：

The doctrines of three vehicles he subtly rehearsed

…For a while he lectured on Dao; For a while he spoke on Chan–

To harmonize the Three Parties was a natural thing.

这种说一会道、讲一会禅的授课方式，反映

出明清时期儒释道三家融合的趋势，所以作者才说"三家配合本如然。"

在《西游记》小说中，西方的佛祖、道教的神仙和儒家的君王关系十分和睦，还经常互相请客，彼此提供帮助。王母娘娘的蟠桃会就把西天佛老、菩萨、圣僧、罗汉、南方南极观音等统统请来；在唐玄奘取经途中，太上老君、观音菩萨、如来、文殊菩萨、普贤菩萨、毗蓝婆菩萨、灵吉菩萨、福禄寿星、火德星君、黄河水伯龙王、水德星君、小张太子、北方真武、弥勒佛、玉皇大帝、太白金星、四值功曹、五方揭谛、一十八位护教伽蓝、二十八宿、托塔天王、哪吒太子、四海龙王、太乙天尊、太阴星君、嫦娥、紫阳真人等佛家的菩萨和道家的神仙，都曾在关键时刻施以援手。第四十七回"圣僧夜阻通天水金木垂慈救小童"，孙悟空降了妖魔，对车迟国国王说："望你把三教归一：也敬僧，也敬道，也养育人才。我保你江山永固。"这是非常鲜明的

"三家合一"的思想，只是从孙悟空口里说出来，显得有些滑稽。

不知道读者朋友有没有注意到，《西游记》小说中有一个特别有趣的细节，就是有关唐玄奘的"护照"和"签证"的情节。

《西游记》第十二回，玄奘主动请缨，前往西天取经，"唐王甚喜，即命回銮，待选良利日辰发牒出行，遂此驾回各散"。第九十八回"猿熟马驯方脱壳 功成行满见真如"："四众（玄奘师徒）到大雄宝殿殿前，对如来倒身下拜。拜罢，又向左右再拜。各各三匝已遍，复向佛祖长跪，将通关文牒奉上，如来一一看了，还递与三藏。"小说最后一回，唐僧师徒取了真经，回到大唐，又将通关文牒交给唐太宗。"太宗看了，乃贞观一十三年九月望前三日给。太宗笑道：'久劳远涉，今已贞观二十七年矣。'牒文上有宝象国印、乌鸡国印、车迟国印、西梁女国印、祭赛国印、朱紫国印、狮驼国印、比丘国印、灭法国印；又有凤仙郡印、玉华州印、金平府印。太宗览毕，收了。"

看到没有，唐玄奘取经，出发时"护照""签证"是唐太宗亲自发的；到了西天，是如来佛亲自查验的；回到大唐，又是唐太宗亲自接收的。这恐怕是人类历史也包括神类历史上最高级别的护照签证办理程序了。我们今天谈《西游记》"三家合一"的思想，不妨把这个小噱头也当成一个佐证。

八戒也能说《论语》

《西游记》中的人物，数猪八戒最为可爱，也最接地气，是毫无争议的第二主角。他跟随唐僧西行，但在危险面前也会恐惧退缩；既想功德圆满修成正果，又贪恋人间酒色财气；饭量大心更大，天塌下来也能照吃照睡；说话幽默风趣，偶尔还能咬文嚼字。

　　在《西游记》中，猪八戒原名猪刚鬣，本来位列仙班，是上界天河里的天蓬元帅。因为酒醉调戏嫦娥，被玉帝打了两千锤，贬下凡尘。投胎时一个马虎，走错了道路，竟然投了个猪胎，结果就变成了我们熟悉的猪八戒的形象。也是机缘巧合，他遇上了前往大唐长安寻找取经人的观世音菩萨。

《西游记》第八回"我佛造经传极乐 观音奉旨上长安"中观世音菩萨和猪八戒有这样一段对话：

菩萨道："古人云：'若要有前程，莫做没前程。'你既上界违法，今又不改凶心，伤生造孽，却不是二罪俱罚？"那怪道："前程！前程！若依你，教我嗑风！常言道：'依着官法打杀，依着佛法饿杀。'去也！去也！还不如捉个行人，肥腻腻的吃他家娘！管甚么二罪，三罪，千罪，万罪！"

这段对话写得非常生动。面对菩萨的点化，猪八戒依旧执迷不悟，而且还很强硬，一副活猪不怕开水烫的架势。

余国藩教授的译文：

The Bodhisattva said, "There is an old saying:

If you want to have a future,

Don't act heedless of the future.

You have already transgressed in the Region Above, and yet you have not changed your violent ways but indulge in the taking of life. Don't you know that both crimes will be punished?"

"The future! The future!" said the fiend. "If I listen to you, I might as well feed on the wind! The proverb says,

If you follow the law of the court, you'll be beaten to death;

If you follow the law of Buddha, you'll be starved to death!

Let me go! Let me go! I would much prefer catching a few travelers and munching on the plump and juicy lady of the family. Why should I care about two crimes, three crimes, a thousand crimes, or ten thousand crimes?"

《西游记》的精彩之处就在于对话，这是多少代说书人千锤百炼的结果。

余国藩教授文中的两句谚语翻译得非常精彩，逐字逐句，丝丝入扣。"若要有前程，莫做没前程"译成"If you want to have a future, / Don't act heedless of the future."，"依着官法打杀，依着佛法饿杀"译成"If you follow the law of the court, you'll be beaten to death; / If you follow the law of Buddha, you'll be starved to death!"，原文和译文连首尾的字都对应上了。

但猪八戒说的"还不如捉个行人，肥腻腻的吃他家娘"这句话，余教授的翻译有些令人不解："I would much prefer catching a few travelers and munching on the plump and juicy lady of the family."既然是捉了个行人，为啥又去"啃家中那个丰满多汁的女士"呢？比照詹纳尔教授的译文，也让读者一头雾水。詹纳尔的译文是"If you don't, I'll capture this pilgrim and eat this plump and tender old woman."。按照这个意思，猪八戒是要把木叉行者抓起来然后吃掉观音菩萨这个"又肥又嫩的老女人"！从上下文看，八戒对观音菩萨还是心怀敬畏的，不会与菩萨叫板；观音菩萨的形象大家都很熟悉，绝对不是 plump and tender old woman！

为什么两位翻译大家都没能处理好"肥腻腻的吃他家娘"这句话呢？我能想到的原因是，余国藩教授生于中国香港，詹纳尔教授是英国人，两人都不熟悉苏北方言。"吃他家娘"并不是真的要吃他的娘，而是"吃个痛快"。八戒的意思是，拉倒吧，老子才不管那么多，抓个行人，美滋滋、香喷喷吃个痛快！

理解了八戒的意思，我们不妨这样来翻译这句话：

I would much prefer catching a traveler and eating him. Damn! Why should I care about two

crimes, three crimes, a thousand crimes, or ten
thousand crimes?

千万不要以为八戒只会说粗话，他要是真想好好说话，还是振振有词的。我们接着看他与观音菩萨的对话：

菩萨道："'人有善愿，天必从之。'汝若肯归依正果，自有养身之处。世有五谷，尽能济饥，为何吃人度日？"

怪物闻言，似梦方觉。向菩萨施礼道："我欲从正，奈何'获罪于天，无所祷也'！"菩萨道："我领了佛旨，上东土寻取经人。你可跟他做个徒弟，往西天走一遭来，将功折罪，管教你脱离灾瘴。"那怪满口道："愿随！愿随！"菩萨才与他摩顶受戒，指身为姓，就姓了猪，替他起个法名，就叫做猪悟能。

余国藩教授的译文：

"There is a saying," said the Bodhisattva,

"*A man with good intent,*

Will win Heaven's assent.

If you are willing to return to the fruits of truth, there will be means to sustain your body. There are five kinds of grain in this world and they all can relieve hunger. Why do you need to pass the time by devouring humans?"

When the fiend heard these words, he was like one who woke from a dream, and he said to the Bodhisattva, "I would very much like to follow the truth. But 'since I have offended Heaven, even my prayers are of little avail.'" "I have received the decree from Buddha to go to the Land of the East to find a scripture pilgrim," said the Bodhisattva. "You can follow him as his disciple and make a trip to the Western Heaven; your merit will cancel out your sins, and you will surely be delivered from your calamities." "I'm willing. I'm willing," promised the fiend with enthusiasm. The Bodhisattva then touched his head and gave him the instructions. Pointing to his body as a sign, she gave him the surname "Zhu" and the religious name "Wuneng."

"人有善愿，天必从之。"也见于明代《增广贤文》，写作"人有善愿，天必佑之"，《西游记》作者化而用之。余教授把这句谚语单独提出来，译成对称押韵的两行，朗朗上口，神形兼备：

A man with good intent,

Will win Heaven's assent.

最让我感到有趣的是孔夫子的话竟然从八戒的嘴里冒了出来。"获罪于天，无所祷也"，出自《论语·八佾》。卫国大夫王孙贾问孔子："'与其媚于奥，宁媚于灶。'何谓也？"子曰："不然，获罪于天，无所祷也。""奥"是居室的西南隅，地位尊贵，为家中尊者所居；"灶"指"五祀之神"之一的灶神。王孙贾用这句话提醒孔子，与其讨好尊贵的"奥"，不如讨好当事的"灶"；讨好有名无实的卫国国君，还不如结交握有实权的重臣来得实惠。孔夫子断然拒绝了王孙贾的暗示，他说，不是这样，如果得罪了上天，就没有地方可以祈祷了。

《论语》的译本很多，兹将几位名家的译法罗列于此，供大家学习参考。

余国藩教授的译文：

> But 'since I have offended Heaven, even my prayers are of little avail.'"

詹纳尔的译文：

A sinner against Heaven has nowhere to pray to.

林戊荪先生的译文：

That is not so, because if you have offended Heaven, there is no one you can turn to in your prayer.

英国汉学家苏慧廉（W. E. Soothill）所译《论语》（*The Analects of Confucius*）：

He who sins against Heaven has nowhere left for prayer.

中西方文化不同，宗教各异，但有些谚语却是非常相似。《圣经·新约·马太福音》中有这样一句话："... but the blasphemy against the Spirit shall not be forgiven. (St. Mathew 12:31)"（……惟

亵渎圣灵，总不得赦免。）意思相近但不相同，表达方式十分接近，翻译时亦可套用。

　　说出"获罪于天，无所祷也"这样文绉绉的话来，可不像是猪八戒，倒像是一位念过私塾的儒生，这也让我对八戒刮目相看。他这样说，其实是在以退为进，展现了极高的情商，既表达了自己虔诚谦卑的态度，又促使观音菩萨马上表态，接引他走上正途。果然，观音菩萨毫不犹豫地为他摩顶受戒。此后，他跟随唐三藏踏上西行取经之路，最后修成正果，成为净坛使者，在民间受喜爱的程度甚至不亚于大师兄孙悟空。

心猿归正

六贼无踪

不论是道家练气还是佛家参禅，都需要心神摄定，杂念不生，也就是内心宁静。我们经常用心猿意马来形容一个人心神不定，思维像猴子在跳、意识像马在跑一样控制不住。

　　心猿意马这个成语最早见于汉代道教经典《参同契》，其中有"心猿不定，意马四驰"的说法。《维摩经·香积佛品》也说："以难化之人，心如猿猴，故以若干种法，制御其心，乃可调伏。"看来，不论是心猿还是意马，都是不好控制的，因为两者都是内在的思想和意念，飘忽不定，变

幻莫测。在《西游记》中，心猿就是孙悟空，意
马就是白龙马。

《西游记》第七回，孙悟空从八卦炉中逃出，
又一次大闹天宫，结果被如来佛祖压制在五行山
下。有一首诗，含义深刻，非常耐人寻味：

猿猴道体配人心，

心即猿猴意思深。

大圣齐天非假论，

官封"弼马"是知音。

马猿合作心和意，

紧缚牢拴莫外寻。

万相归真从一理，

如来同契住双林。

石猴得道，修成仙体，但是心还是人心，而
人心就像猿猴一样捉摸不定。齐天大圣的本领没
得说，玉帝却给他封了个弼马温，虽然委屈了他
的本事，但当时的孙悟空野性未消，不服管束，
还能担当什么大任呢？弼马温是"避马瘟"的谐

音。东汉时，人们就在马厩里养猴子，据说能避马瘟，所以就把猴子称为弼马温。从这个角度看，玉皇大帝还是很"知猴善用"的。马和猿合在一起就是心猿意马，必须拴牢，不必外求，因为心即是佛，佛即是心。万物归真都是一条路，如释迦牟尼佛一样在娑罗双树下涅槃。

我们来看看詹纳尔教授的英文翻译：

To the ape's immortal body is matched a human mind;

That the mind is an ape is deeply meaningful.

It was quite true that the Great Sage equaled Heaven:

The appointment as Protector of the Horse showed no discernment.

Horse and ape together make mind and thought;

Bind them tightly together, and do not seek

elsewhere.

　　When all phenomena are reduced to truth they follow a single pattern;

　　Like the Tathagata reaching nirvana under the two trees.

　　詹纳尔的译文流畅准确，基本上是字字对应。第四句与上面的中文原文有差异，很有可能是版本不同造成的。1985 年人民文学出版社出版的《西游记》中，这首诗的第四句是"官封'弼马'是知音"，而更老一些版本中却写作"官封'弼马'岂知音"，所以，詹纳尔可能是根据特定的版本把这句诗译成了"The appointment as Protector of the Horse showed no discernment"，意思是把孙悟空封为弼马温是无见识之举，岂是知音？

　　第七句"万相归真从一理"，翻译得很有学问，万相即宇宙间一切看得到的景象，也就是 all phenomena；"归真"实际上是简化归纳，用 reduce to 翻译得恰如其分。"Reduce ... to ... means to change something to a more general or more simple form"，这个用法与 boil down to 很相似，口语交流时可以替换使用，但用作书面语时，还是詹纳尔教授的译法更佳。

最不好处理的是最后一句，难点在于"双林"二字。"双林"即娑罗双树，在拘尸那城附近四面各长有两棵娑罗树的地方，是佛祖涅槃之地。如来佛，也称多陀阿伽陀，梵文 Tathāgata；涅槃不是一般的死亡，而是超脱一切烦恼的境界，是修行圆满的结果，所以不能用 die 或 pass away，而要用 reaching nirvana。"双林"二字可译可不译，如果翻译成 reaching nirvana under the two trees，对于没有佛教背景知识的英文读者，加上一个注释可能更有助于理解。余国藩教授将"如来同契住双林"译为 All things back to Nirvāna follow one truth – To join Tathāgata beneath twin trees. 对于 twin trees，在书后又加了一条注解：The twin

Sāl trees in the grove in which Śākyamuni entered Nirvāna.

那么，孙悟空这个心猿究竟是怎么被拴住的呢？

《西游记》第十四回"心猿归正 六贼无踪"中悟空受观音菩萨点化，解脱了被压五行山的苦难，拜唐僧为师，前往西天取经。正行走间，忽然路旁一声呼哨，跳出六个人来，各执长枪短剑，利刃强弓，大咤一声道："那和尚！那里走！赶早留下马匹，放下行李，饶你性命过去！"原来是六个强盗。

悟空并不害怕，上前通问姓名，那人道："你是不知，我说与你听：一个唤做眼看喜，一个唤做耳听怒，一个唤做鼻嗅爱，一个唤作舌尝思，一个唤作意见欲，一个唤作身本忧。"

故事的看点就在这里了。这六贼的名字正对应了眼、耳、鼻、舌、身、意，也就是佛家说的"六根"，人生之苦皆由这六根起。看到、听到、尝到、闻到、想到、感受到不好的东西会痛苦；看到、听到、尝到、闻到、想到、感受到好的东西，会引发更多的贪欲，又不能满足，从而带来无穷的痛苦。几个毛贼不值一提，但他们所代表的"六根"却是十分难缠。

这六个毛贼的名字应该怎么翻译呢？余国藩教授的翻译是：

Eye That Sees and Delights（眼看喜）

Ear That Hears and Rages（耳听怒）

Nose That Smells and Loves（鼻嗅爱）

Tongue That Tastes and Desires（舌尝思）

Mind That Perceives and Covets（意见欲）

Body That Bears and Suffers（身本忧）

信则信矣，但过于烦琐，不像名字，当然原文也不是正常人的名字。如果一定要采用这种直译的方法，可以考虑把 that 省略，少一个词是

一个词，意思也不受影响。即便如此，翻译出来
已经是一个完整的句子了，作为名字，还是感觉
太长。

詹纳尔教授的翻译相对简练，读起来也很流
畅：

> Eye-seeing Happiness（眼看喜）
>
> Ear-hearing Anger（耳听怒）
>
> Nose-smelling Love（鼻嗅爱）
>
> Tongue-tasting Thought（舌尝思）
>
> Mind-born Desire（意见欲）
>
> Body-based Sorrow（身本忧）

翻译家各有自己的选择，他们的翻译也必是
经过了深思熟虑，都值得我们学习和借鉴。更重
要的是，翻译要放在语境中去体会和把握，与语
境融为一体，就是无缝对接；如果同语境格格不
入，就成了旧衣服上缝了一块新补丁，格外扎眼。

　　《西游记》的作者对这个情节的安排是大有
深意的，绝非无用之笔。孙悟空一出山，就除掉
了眼耳鼻舌身意六贼，紧接着，又在观音菩萨的
安排下戴上了金箍，心猿受到约束，走上了正
途。从这一刻起，他实际上已经开悟。在唐僧师
徒中，孙悟空的眼光见识以及对取经这项事业
的理解，远高于其他几人，包括唐僧在内。第
二十二回"八戒大战流沙河　木叉奉法收悟净"中
孙悟空与猪八戒的一段对话最能说明问题。

　　话说唐僧带领孙悟空和猪八戒西行，却被水
下的妖精（沙悟净）拦住，无法渡过流沙河。八
戒说，既然你会筋斗云，只消点点头、躬躬腰，
把师父背过去罢了，何必苦苦与他厮战？

　　行者道："……自古道：'遣泰山轻如芥子，携
凡夫难脱红尘。'……像那样法儿，老孙也会使会
弄。还有那隐身法、缩地法，老孙件件皆知。但
只是师父要穷历异邦，不能够超脱苦海，所以寸
步难行也。我和你只做得个拥护，保得他身在命

在，替不得这些苦恼，也取不得经来；就是有能先去见了佛，那佛也不肯把经善与你我。正叫做'若将容易得，便作等闲看'。"那呆子闻言，喏喏听受。

余国藩教授的翻译抄录在此，供读者学习欣赏。

There's an old proverb which says:

Move Mount Tai: it's light as mustard seeds.

Lift a man and you won't leave the red dust!

… And if it's this kind of magic, old Monkey knows every trick well, including becoming invisible and making distances shorter. But it is required of Master to go through all these strange territories before he finds deliverance from the sea of sorrows; hence even one step turns out to be difficult. You and I are only his protective companions, guarding his body and life, but we cannot exempt him from these woes, nor can we obtain the scriptures all by ourselves. Even if we had the ability to go and see Buddha first, he would not bestow the scriptures on you and me. Remember the adage:

What's easily gotten

Is soon forgotten.

When Idiot heard these words, he accepted them amiably as instruction.

孙悟空的这几句话，展现了高度的智慧。他清楚地知道，唐僧是西天取经的第一责任人，而且如来佛只认唐僧，谁也替代不了。作为徒弟，他和八戒等不论有多大本事，也只能保护唐僧周全，陪着他一步一步走完万水千山，一劫一劫历尽九九八十一难。

"心猿归正，六贼无踪"，悟空仿佛脱胎换骨，身上所有的法力都化作正能量。最令我感动的是，这位本领高强、看起来玩世不恭的齐天大圣，内心却十分柔软，至情至性。第八十一回，唐僧生病不能行走，歉疚地说耽误了行程，孙悟空劝说道："师父说那里话！常言道：'一日为师，终身为父。'我等与你做徒弟，就是儿子一般。又说道：'养儿不用阿金溺银，只是见景生情便好。'你既身子不快，说甚么误了行程，便宁耐几日何妨！"

多么温暖人心的话语！这是发自肺腑的真情，每次读到这里，心中都会涌起一阵深深的感动。

钱锺书与《西游记》

对于钱锺书先生的学问，我们很难用一两句话做出准确的描述。他的夫人杨绛曾戏作一联：中书君即管城子，大学者兼小说家。"管"是《管锥编》，"城"是《围城》，但这也只是列举了钱先生在学术和文学上的两个代表作品而已。钱锺书的老师吴宓曾这样评价他：当今文史方面的杰出人才，老一辈当中要推陈寅恪先生；年轻一辈当中，则要推钱锺书。他们都是人中之龙，其余如你我，不过尔尔！

钱先生博览群书，对《西游记》更是情有独

钟，反复读过十几遍。在《管锥编》中引用《西游记》的内容达 50 多处，《钱锺书手稿集》中亦屡见称述，可见他对这部作品的关注和熟悉程度。

钱先生在《管锥编》第四册指出了《西游记》原著的疏漏：

《西游记》第十回（通行本第九回）袁守诚卖卜铺"两边罗列王维画"，唐太宗时已有唐玄宗时人画，难道王维穿越了？第二十三回，唐僧师徒早已经过了乌斯藏（即今之西藏），出了国门，来到一处人家，但见两边金漆柱上贴着一幅大红纸的春联，上写着："丝飘弱柳平桥晚，雪点香梅小院春。"这是温庭筠《和道溪君别业》中的一句诗，只是易"寒"为"香"，"苑"为"院"，初唐外国人家把晚唐中国人的诗句当作春联贴上了。

钱先生认为，上述错误是文学家常犯的"时代错误症"。《西游记》是神魔小说，所叙皆子虚乌有、匪夷所思者，允许比一般小说有更大的艺术想象力，某些细节的张冠李戴、移花接木也是常事。

钱先生为一代硕儒，却不失赤子之心，也许这就是他一生喜欢《西游记》的原因。钱锺书不仅把《西游记》小说读了十几遍，还特别喜欢看电视连续剧《西游记》。张建术在《魔镜里的钱锺书》中描绘道："钱锺书看《西游记》与众不同，边看边学边比划，口中低昂发声不住，时而孙悟空，时而猪八戒，棒打红孩儿，耙钉盘丝洞，流星赶月，举火烧天，过河跳涧，腾云遁地，'老孙来也'，'猴哥救我'，手之舞之足之蹈之咏之歌之，不一而足。"这段描写倒是很符合钱先生的性格。

1988年，上海新民晚报社赠送了一份晚报给钱锺书，钱先生重情义，给《新民晚报》寄去了几首诗和一篇电视剧《西游记》的观后感，题目是《也来"聒噪几句"》。文章发表在《新民晚报》1988年3月18日"夜光杯"副刊，署名"中枢"，一看就知道用的是他名字的谐音。这篇文章开篇即言："电视剧《西游记》是我爱看的节目，物难全美，当然也有些漏洞。"钱先生指出，第十五集《斗法降三怪》里孙行者把"社稷袄"和"地理裙"变成"一口钟"。"一口钟"就是和尚穿的僧衣，《西游记》第三十六回也提起宝林寺有些和尚"穿着一口钟的直裰"；把贵重衣裙变作破烂衣服，顺理成章。电视剧中却把它变成一口铜钟，似乎编剧者对词义缺乏理解。

电视剧《斗法降三怪》的故事在小说中是第四十六回"外道弄强欺正法 心猿显圣灭诸邪"。唐僧师徒西行到了车迟国，遇上了三个妖精，化身道士，阻止唐僧西行。那车迟国国王听信道士的谗言，不肯盖章放行。无奈之下，悟空与三个妖怪斗法，其中一项是隔板猜物，也就是猜箱子里装的是什么东西，猜出放行，猜不出问罪。小说中原文是这样写的：

真个那国王十分昏乱，依此谗言，即传旨，将一朱红漆的柜子，命内官抬到宫殿，教娘娘放上件宝贝。须臾抬出，放在白玉阶前，教僧道："你两家各赌法力，猜那柜中是何宝贝。"三藏道："徒弟，柜中之物，如何得知？"行者敛祥光，还变作蟭蟟虫，钉在唐僧头上道："师父放心，等我去看看来。"好大圣，轻轻飞到柜上，爬在那柜脚之下，见有一条板缝儿。他钻将进去，见一个红漆丹盘，内放一套宫衣，乃是山河社稷袄，乾坤地理裙；用手拿起来，抖乱了，咬破舌尖上，一口血哨喷将去，叫声"变！"即变作一件破烂流丢一口钟，临行又撒上一泡臊溺，却还从板缝里钻出来，飞在唐僧耳朵上道："师父，你只猜是破烂流丢一口钟。"三藏道："他教猜宝贝哩，流丢是件甚宝贝？"行者道："莫管他，只猜着便是。"唐僧进前一步，正要猜，那鹿力大仙道："我先猜。那柜里是山河社稷袄，乾坤地理裙。"唐僧道："不是，不是！柜里是件破烂流丢一口钟。"

"一口钟"是和尚穿的僧衣，也叫"直裰"，即偏衫与裙子缝缀在一起，因形状似钟，故称

"一口钟"。电视剧的编剧望文生义，所以剧组在拍摄的时候真的在柜子里放了一口铜钟。一般观众看个热闹就过去了，可钱先生目光如炬，一眼看出，这才有前面他撰文指出谬误的故事。

那么，这一段文字应该怎样翻译呢？

余国藩教授的译文：

Truly that king is exceedingly confused! Swayed by such fraudulent words, he at once gave the order for a red lacquered chest to be brought to the inner palace. The queen was asked to place a treasure in the chest before it was carried out again and set before the white-jade steps. The king said to the monks and the Daoists, "Let both sides wage your contest now and see who can guess the treasure inside the chest." "Disciple," said Tripitaka, "how could we know what's in the chest?" Pilgrim changed again into a mole cricket and flew up to the head of the Tang Monk. "Relax, Master," he said, "let me go take a look." Dear Great Sage! Unnoticed by anyone, he flew up to the chest and found a crack at the base, through which he crept inside. On a red lacquered tray he found a set of palace robes: they were the empire blouse and comic skirt. Quickly he picked them up and shook them loose; then he bit open the tip of his tongue and spat a mouthful of blood onto the garments, crying, "Change!" They changed instantly into a torn and worn-out cassock; before he left, however, he soaked it with his bubbly and stinking urine. After crawling out again through the crack, he flew back to alight on the Tang Monk's ear and said, "Master, you may guess that it is a torn and worn-out cassock." "He said that it was some kind of treasure," said Tripitaka. "How could such a thing be a treasure?" "Never mind," said Pilgrim, "for what's important is that you guess correctly."

As the Tang Monk took a step forward to announce what he guessed was in the chest, the Deer-Strength Great Immortal said, "I'll guess first. The chest contains an empire blouse and a cosmic skirt." "No! No!" cried the Tang Monk. "There's only a torn and worn-out cassock in the chest."

原文这一段的描写非常生动形象，读起来仿佛是在听说书人讲故事。余国藩教授的翻译也同样精彩，语言简练，节奏明快，我想外国读者在读这段故事的时候，也一定会被余教授绘声绘色的翻译所吸引。

国王糊涂，轻信谗言。谗言是诽谤他人、挑拨离间的话，英文的译法有很多种，如 slander、calumny、defamation、slanderous talk、calumnious words 等，但本文中的谗言，却是说妖道在编瞎话欺骗国王，所以余国藩教授选择了 fraudulent words 来翻译。虽然都是谗言，但 fraudulent 和

slanderous、calumnious 还是有区别的，fraudulent 强调的是欺骗，slanderous 和 calumnious 强调的是诽谤。平时说话的时候可以大而化之，但在翻译的时候就必须锱铢必较，一丝不苟。

　　孙悟空变成的小虫叫蟭蟟，是体型较小的蝉，会飞，但因翅膀太薄，所以飞不太远。译文中，余教授将蟭蟟翻译成 mole cricket，似乎不妥。mole cricket 是蝼蛄，俗称蝲蝲蛄，是一种体型较大、牙齿锋利、专咬庄稼根茎的害虫。我小时候在农村长大，没少抓蝲蝲蛄来玩儿。蝲蝲蛄虽然有翅膀，但非常短小，有点像蝈蝈的翅膀，震动起来可以发出"叫声"，但绝对不会飞。在电视剧中，编剧让孙悟空变成了小蚊子，还是挺有创意的，如果是蝲蝲蛄的话，即便让它飞起来，体型太大，也容易被妖精发现。

　　詹纳尔教授大概也无法确定蟭蟟到底是什么样子的昆虫，所以，他将蟭蟟译成 the smallest of insects，意思是最小的昆虫，也是一种非常好的处理方法。

最后再说说"破烂流丢一口钟"的翻译。"一口钟"是和尚穿的直裰，汉英词典的解释是 a loose robe worn by a Buddhist monk or a Taoist priest，也就是和尚道士穿的偏领长袍。余教授将其译为 cassock，即西方教会神职人员所穿的长袍，更便于西方读者了解，但 cassock 肯定不是直裰，尤其是上半身和领子差异巨大。既然没有更合适的选择，也许简单译成 a Buddhist robe 更稳妥一些。"破烂流丢"是一句口头语，类似于"脏了吧唧""黑不溜秋"，所以，只要把"破烂（torn and worn-out）"翻译出来就行了。

指出小说中的谬误需要学识，指出《毛泽东选集》中存在的疏漏不仅需要学识，还需要勇气。

杨绛先生在回忆录《我们仨》中写道，钱锺书翻译《毛选》时，有一次指出原文有个错误。他坚持说孙猴儿从来未钻入牛魔王腹中。徐永煐同志（《毛选》英译工作主持人）请示上级，胡乔木同志调了全国不同版本的《西游记》查看。钱锺书没有错。孙猴儿是变作小虫，给铁扇公主吞入肚里的。

从钱锺书读《西游记》的一个个小细节，可以看到他严谨的治学精神，而这恰恰是大学者最令人敬佩的地方。

老子是如何
变成老君的？

老子和太上老君究竟是什么关系？很多人认为老子就是太上老君，其实不然。老子是真实的历史人物，太上老君则是《西游记》里神化了的老子。

　　老子姓李名耳，字聃，春秋末年人，曾任周朝守藏室之史。司马迁《史记》记载，孔子曾向老子请教关于礼的问题，听了老子的讲论，回去后对弟子说："至于龙吾不能知，其乘风云而上天。吾今日见老子，其犹龙邪！"孔子如此评价，说明老子的学问在当时已经是名满天下了。

再往后，关于老子的记载和传说就越来越玄了。汉代刘向《列仙传》记载，老子西游过函谷关，负责守关的官员尹喜见有紫气浮关，便知有贵人经过，果然，老子骑青牛而至。这就是成语"紫气东来"的典故。老子在函谷关停留了几天，写下了一篇五千字的《道德经》，然后骑着青牛飘然而去。

《道德经》成了中国的哲学经典，而老子的身份也一路演变，从周朝守藏室之史到道家始祖，最后成了高级别的神仙太上老君。

《西游记》中的太上老君似乎是一个社会活动很多的活跃人物，又是讲道，又是炼丹，还要帮助玉皇大帝捉拿大闹天宫的孙悟空，与清静无为的"道祖"形象相去甚远。

《西游记》第五回，孙悟空偷吃了蟠桃，偷喝了御酒，迷迷瞪瞪走到了兜率宫里，把太上老君好不容易炼得的仙丹像吃花生米一样吃了个干干净净。悟空返回花果山，天兵天将也奈何他不得，观音菩萨向玉皇大帝推荐二郎真君来捉拿孙猴儿。二郎神和孙悟空斗得旗鼓相当，不分胜负，于是观音菩萨和太上老君就商量如何利用高空抛物去打孙悟空（见第六回）：

老君道："菩萨将甚兵器？怎么助他？"菩萨道："我将那净瓶杨柳抛下去，打那猴头；即不能打死，也打个一跌，教二郎小圣好去拿他。"老君道："你这瓶是个磁器，准打着他便好，如打不着他的头，或撞着他的铁棒，却不打碎了？你且莫动手，等我老君助他一功。"菩萨道："你有甚么兵器？"老君道："有，有，有。"将起衣袖，左膊上取下一个圈子，说道："这件兵器，乃锟钢抟炼的，被我将还丹点成，养就一身灵气，善能变化，水火不侵，又能套诸物。一名'金钢琢'，又名'金钢套'。当年过函关，化胡为佛，甚是亏他。早晚最可防身。等我丢下去打他一下。"

话毕，自天门上往下一掼，滴流流，径落花果山营盘里，可可的着猴王头上一下。猴王只顾苦战七圣，却不知天上坠下这兵器，打中了天灵，立不稳脚，跌了一跤，爬将起来就跑，被二郎爷爷的细犬赶上，照腿肚子上一口，又扯了一跌。他睡倒在地，骂道："这个亡人！你不去妨家长，却来咬老孙！"急翻身爬不起来，被七圣一拥按住，即将绳索捆绑，使勾刀穿了琵琶骨，再不能变化。

这段故事，在《西游记》小说和电视连续剧以及动画片《大闹天宫》中，都是精彩片段。我们先来看看詹纳尔教授的翻译，再接着讨论。

"What weapon would you use, Bodhisattva? How could you help him?" Lao Zi asked. "I'll drop that pure vase of willow twigs on the monkey's head. Even if it doesn't kill him it will knock him off balance and enable the Little Sage to catch him." "That vase of yours is made of porcelain," Lao Zi replied, "and if you hit the target that will be fine.

But if it were to miss his head and smash into his iron club, it would be shattered. Just hold your hand while I give him a little help." "What sort of weapon do you have?" the Bodhisattva asked, and Lord Lao Zi replied, "I've got one all right." He pulled up his sleeve and took a bracelet off his right* arm. "This weapon," he said, "is made of tempered steel to which I have added the magic elixir. It preserves my miraculous essence, can transform itself, is proof against fire and water, and can snare anything. One of its names is Diamond Jade and the other is Diamond Noose. When I went out through the Han Pass some years ago to turn into a foreigner and become a Buddha, I have a great deal to thank it for. It's the best protection at any time. Just watch while I throw it down and hit him."

As soon as he had finished speaking he threw it

* 应为 "left"。

down from outside the heavenly gate, and it fell into the camp on the Mountain of Flowers and Fruit, hitting the Monkey King neatly on the head. The Monkey King was too preoccupied with fighting the seven sages to notice this weapon falling on him from heaven, and when it struck him on the forehead he lost his balance and stumbled, then picked himself up and started to run. The slim dog of the god Erlang caught him up and bit him in the calf, bringing him down again. As he lay on the ground he cursed at the dog. "You don't bother your own master, damn you; why pick on me to bite?" He rolled over and tried unsuccessfully to get up, but the seven sages all held him down, roped him up, and put a sickle-shaped blade round his collar-bone to prevent him from making any more transformations.

这一段英文虽然长了一些，但读起来还是非

常生动的。太上老君的名字，詹纳尔教授翻译成 Lord Lao Zi，用了他成仙之前的名字，把老君的"君"译成 Lord，也很贴切。余国藩教授将太上老君译为 Most High Lao zi，突出了"太上"，但在叙事过程中都简称为 Lao zi。观音菩萨的翻译不必纠结，从梵文直译成 Bodhisattva 即可。

太上老君的宝贝金钢琢，是由锟钢炼就的，又点了仙丹，所以有灵气，善变化，不惧水火。所谓锟钢就是淬火钢，现在老百姓打菜刀的钢都是锟钢，但在古代却属于高科技产品，英文就是 tempered steel。"将还丹点成"估计就是加了些新的配方，所以，詹纳尔教授把"将还丹点成"翻译成 added the magic elixir，意思是加了炼金药。"水火不侵"指金钢琢不惧水火，但转换成英文时要注意，不要用 fear，因为 fear 是情感或感觉类的词汇，而金钢琢只是个物件儿，所以，詹纳尔教授用 proof against fire and water，既防火又防水。

这段话中最值得我们注意的是太上老君提到

的"化胡为佛"(to turn into a foreigner and become a Buddha)。老子化胡为佛的说法源自西晋道士王浮所撰《老子化胡经》,主要内容是老子出函谷关,西行天竺,化身为释迦牟尼,创立佛教。这样一来,佛教就比道教矮了一辈儿。《老子化胡经》是为了抬高道教贬低佛教所作的"伪经"。晋朝佛道斗争激烈,王浮的这种做法,属于典型的非公平竞争手段。唐高宗、唐中宗都将其列为禁书,元世祖也曾下令焚毁,但在民间,老子化胡的说法依然很流行,这说明道家的确很擅长公关宣传。

天兵天将虽然捉住了孙悟空,但刀劈斧剁雷击火烧都奈何他不得,于是,太上老君又将孙悟空放到八卦炉中,用文武之火炼了七七四十九天。老君的想法是把孙悟空炼化了,好找回被他偷吃的金丹。可是,孙悟空不仅没有被炼化,反而炼就了一双"火眼金睛"。

"火眼金睛"的英文怎么翻译呢?我们把詹

纳尔教授和余国藩教授的翻译列在这里，供大家
参考：

Fire eyes with golden pupils（詹译）

Fiery Eyes and Diamond Pupils（余译）

两位的译法非常相近，只不过余国藩教授将
"金睛"翻译成了"钻石睛"（diamond pupils），比
詹纳尔教授翻译的 golden pupils 更贵重一些。

虽然太上老君最初没少跟孙悟空作对，但在
后来唐僧师徒取经的过程中却也没少帮忙。每一
次孙悟空以老熟人的身份去找他，他都是有求必
应。看来，这两位还真是不打不成交。

真假难辨美猴王

一部文学作品能够称得上经典，需要具备以下几个要素：旨趣宏大，人物众多，情节曲折，讲述生动，超越时代，揭示人性。《红楼梦》《水浒传》《三国演义》《西游记》，莫不如此。

　　很多读者把《西游记》当作神魔小说来读，只关注神仙打架，往往忽略了那些揭示人性和直指人心的内容。

　　唐僧师徒一行，人人都有来历，个个都有背景，连骑的马都是龙王的儿子。唐僧前世是如来佛祖的二徒弟，名唤金蝉子，只因不认真听讲，轻慢佛法，被贬东土，当了和尚；孙悟空是天生地长的石猴，大闹天宫，被佛祖压在五行山下；猪八戒是天河里的天蓬元帅，因醉酒调戏嫦娥，被罚下界，投了猪胎；沙僧原是卷帘大将，本是玉帝身边的人，却因失手打碎玻璃盏，被贬在流沙河为妖；白龙马本是西海龙王之子，因纵火烧了殿上明珠，被龙王告了忤逆之罪，判了斩刑。这五个有"前科"的人受观音菩萨点化，组团西行，一路艰难险阻且不说，光是统一思想认识、坚定初心使命，就是一件非常不容易的事情。

开始还好，因为有新鲜感，但时间一久，就出现了心理问题，直接表现在唐僧与孙悟空之间的矛盾上。

欲往西天取经，必须降妖除怪，也包括土匪毛贼。悟空疾恶如仇，往往一并打死，可唐僧是个善僧，"扫地恐伤蝼蚁命，爱惜飞蛾纱罩灯"，怎容得下悟空。小说第二十七回，因孙悟空三打白骨精，唐僧善恶不分，已将悟空驱逐一回，但心中的梗却还没有除去，到了第五十六回，悟空又因打死几个强盗，与唐僧发生口角。唐僧撮土为香，替那几个被打死的强盗祷告："……你到森罗殿下兴词，倒树寻根，他姓孙，我姓陈，各居异姓。冤有头，债有主，切莫告我取经僧人。"八戒笑道："师父推了干净，他打时却也没有我们两个。"三藏真个又撮土祷告道："好汉告状，只告行者，也不干八戒、沙僧之事。"

说实话，唐僧这件事儿干得真的很不漂亮，完全没有高僧大德的风范，也许这几句话对孙悟空的伤害比直接念紧箍咒还要大。

大圣闻言，忍不住笑道："师父，你老人家忒没情义。为你取经，我费了多少殷勤劳苦，如今打死这两个毛贼，你倒教他去告老孙。虽是我动手打，却也只是为你。你不往西天取经，我不与你做徒弟，怎么会来这里，会打杀人！索性等我祝他一祝。"撺着铁棒，望那坟上捣了三下，道："遭瘟的强盗，你听着！我被你前七八棍，后七八棍，打得我不疼不痒的，触恼了性子，一差二误，将你打死了，尽你到那里去告，我老孙实是不怕：玉帝认得我，天王随得我；二十八宿惧我，九曜星官怕我；府县城隍跪我，东岳天齐怖我；十代阎君曾与我为仆从，五路猖神曾与我当后生；不论三界五司，十方诸宰，都与我情深面熟，随你那里去告！"

看到没有，此时师徒之间已经产生了隔阂，正如小说中写道："孙大圣有不睦之心，八戒、沙僧亦有嫉妒之意，师徒都面是背非。"果然，没过多久，又遇强盗，结果可想而知，唐僧又一次念起紧箍咒，而且连着念了二十多遍，箍儿陷在孙悟空肉里一寸来深，而且唐僧还威胁悟空，如果不走，决不住口，把你脑浆都勒出来。悟空忍无可忍，一个筋斗，去南海找观音菩萨要求"退群"。

就在此时，邪门儿的事情发生了，就像当年石头缝里蹦出个孙悟空一样，不知从哪里又冒出个孙悟空，到了唐僧面前。唐僧已经铁了心，不肯回心转意，哪知那孙悟空变了脸，发怒生嗔，喝骂唐僧道："你这个狠心的泼秃，十分贱我！"说罢抡铁棒，望长老脊背上砑了一下，唐僧昏倒在地，悟空把两个青毡包袱，提在手中，驾筋斗云，不知去向。

这个孙悟空就是六耳猕猴！他拿着唐僧的袈裟、锡杖和通关文牒，到了花果山，找了几个妖猴，分别变作唐僧、八戒和沙僧，重新组团，要去西天取经。

等真的孙悟空带着沙僧来到花果山，两人立刻打作一团，长相、衣着、声音、神通，一模一样，打上南海普陀山，连观音菩萨也辨不清孰真孰假，试着念紧箍咒吧，二人脑袋都疼。结果，真假孙悟空从地上打到天宫，又从天宫打到阴曹地府，不论是上天的玉帝还是地府的阎王都不能分出真假。最后，二人拉拉扯扯，边走边打，到了如来佛祖面前。

佛祖正在讲经说法，似乎预料到二人的到

来，起身离开莲座，对台下圣众说道："汝等俱是一心，且看二心竞斗而来也。"

如来到底是如来，目光如炬，当场说出假悟空的来历。原来这世上除了神佛人鬼、鸟兽虫鱼之外，还有四猴混世，没有登记在册。究竟是哪四猴呢？如来道："第一是灵明石猴，通变化，识天时，知地利，移星换斗。第二是赤尻马猴，晓阴阳，会人事，善出入，避死延生。第三是通臂猿猴，拿日月，缩千山，辨休咎，乾坤摩弄。第四是六耳猕猴，善聆音，能察理，知前后，万物皆明。……我观假悟空乃六耳猕猴也。此猴若立一处，能知千里外之事；凡人说话，亦能知之；故此善聆音，能察理，知前后，万物皆明。与真悟空同象同音者，六耳猕猴也。"

那猕猴闻得如来说出他的本像，胆战心惊，变作个蜜蜂儿，往上便飞。如来抛起金钵盂，正盖着那蜂儿，揭起一看，是一个六耳猕猴。孙大圣忍不住，抡起铁棒，劈头一下打死。

实际上，孙悟空打死的不是别人，正是他的另一个自己——另我（Alter ego），现代心理学称为"解离性人格"。作为凡人，我们就是有一千个想法，也只是想想而已，而神人则不然，特别是像孙悟空这样的齐天大圣，哪怕是一个潜意识甚至下意识，都可能引起海啸。这不，大圣稍动杂念，立刻就蹦出个六耳猕猴来。为什么说这六耳猕猴是孙悟空的另一个化身呢？其实，小说的作者已经给了我们答案。

六耳猕猴有取经情结。他打伤唐僧，抢走文书度牒，又安排妖猴作为群众演员变化成唐僧、八戒和沙僧，重新组织团队，欲往西天取经。这分明是孙悟空的"化身"在完成"真身"的使命。

六耳猕猴虽然打伤了唐僧，也只是将铁棒"望长老脊背上砑了一下"，也就是轻轻碰了一下。以金箍棒的千钧力量，劲道稍重，唐僧就会变成肉饼。所以，六耳猕猴分明是念及五行山解救之恩和师徒情分而手下留情。

六耳猕猴趁孙悟空不在，占了花果山水帘洞，在那里熟读牒文，组建班子，准备取经。他怎么不往别处去呢？恐怕还是因为熟悉环境吧。沙僧不知深浅，找上门去，还打死了一个扮作他的妖猴，而六耳猕猴竟未深究，让沙僧回去了。以六耳猕猴的本领，沙僧竟能毫不费力地全身而退，可能吗？分明是他在顾念师兄弟的旧情。

如来佛祖仿佛知道会有这样一场闹剧。两个孙悟空还没进门，佛祖便起身离开莲座，对台下圣众说道："汝等俱是一心，且看二心竞斗而来也。"这分明是说六耳猕猴和孙悟空是亦真亦幻，一人二心。

书中第五十八回真假悟空打得难解难分，旁白的一句诗写道：人有二心生祸灾，天涯海角致疑猜。又一次出现"二心"，这分明是作者给我们的提示。

这就是《西游记》作者的高明之处，用"映射"的笔法，将人性的弱点展现出来。别忘了，这可是四百多年前的小说，已经用上了精神分析的手段。

"二心"就是六耳猕猴，他既是孙悟空对唐僧的二心，也是孙悟空对自己的二心；孙悟空除掉了六耳猕猴，也除去了自己的二心。毕竟，与取经这项崇高的事业相比，个人之间的小矛盾根本不值一提。为了稳定队伍，如来佛祖做通了悟空的思想工作，要他好生保护唐僧，并承诺，待功德圆满，"汝亦坐莲台"。同时，佛祖又派观音菩萨送悟空回到唐僧身边，告诉唐僧，"你今须是收留悟空，一路上魔障未消，必得他保护你，才得到灵山，见佛取经，再休嗔怪"。菩萨的话说得很明确，孙悟空这个"干部"必须要用，而且还要用好。于是，唐僧师徒消除了隔阂，再一次团结起来，打起精神，向西天进发。

最后，我们来学习一下詹纳尔教授是怎么翻译如来佛祖关于六耳猕猴那段话的：

"The first kind is the intelligent stone monkey." the Buddha replied. "He can do all kinds of transformation, knows all about the seasons of Heaven and earthly advantages, and can move the stars and their constellations about. The second kind is the red-rumped mandril that knows all about the Yin and the Yang and human affairs, can go into or out of anywhere, and knows how to prolong its life and avoid death. The third kind is the magic-armed gibbon that can catch the sun or moon, shrink mountains, see what is auspicious and what is not, and fool around with heaven and earth. The fourth kind is the six-eared macaque which has wonderful hearing and perception. It knows about the past and the future and understands all creatures. ... I can see that the false Sun Wukong is just such a six-eared macaque. Wherever he stands he can know what is happening hundreds of miles away and hear everything that is said. That is why he has such wonderful hearing, brilliant perception, and knowledge of the past, the future, and all beings; that is why he looks and sounds just like Wukong. He is a six-eared macaque."

如来佛祖在这段话中提到了四种猴，灵明石猴、赤尻马猴、通臂猿猴、六耳猕猴。灵明石猴的猴，是猴族的总称，所以翻译成 intelligent stone monkey，简单明了。赤尻马猴的翻译则相对复杂一些。马猴是中国人想象出来的动物，应该是体形硕大、比较凶悍的猴子。小时候在农村，经常听见大人吓唬小孩子："别哭了，再哭大马猴子来了！"这种又大又凶的猴子最像山魈，也就是鬼脸狒狒（英文是 mandril），体形比其他猴类大很多，臀部颜色鲜红，也符合"赤尻"的特点，所以，詹纳尔教授将其译为 red-rumped mandril。"尻"是一个很古老的汉字，清段玉裁

《说文解字注》：尻，臀，今俗云屁股是也。既然如来佛没有直接说"红屁股猴子"，译文也得稍微讲究一些，所以，詹纳尔将"赤尻"翻译成 red-rumped mandril，rump 即臀部，这样比直接说屁股蛋子（bottom, buttock, backside）显得委婉一些。又想起当年在伦敦工作时，超市里卖的臀肉牛排就叫 rump steak，只是太贵，买不起。另外，"尻"还有末端和尽头的意思。日本就有一家很有名的企业——野尻眼镜，这个野尻可不是野屁股，而是田野的尽头。通臂猿猴就是长臂猿，英文是 gibbon，如果前面再加上 long-armed，英文逻辑上就重复了。因如来口中的通臂猿猴有拿日月、缩千山的本领，所以，詹纳尔教授把它译为magic-armed gibbon。六耳猕猴的翻译反而简单，直译 six-eared macaque 即可。macaque 就是猕猴，在中国最为常见，估计孙悟空就属于猕猴一族。

如来佛说通臂猿猴拿日月、缩千山，辨休咎，乾坤摩弄。詹纳尔教授的翻译是："The

third kind is the magic-armed gibbon that can catch the sun or moon, shrink mountains, see what is auspicious and what is not, and fool around with heaven and earth."。"辨休咎"就是分辨吉凶，see what is auspicious and what is not。"乾坤摩弄"翻译成 fool around with heaven and earth，很值得探讨。fool around with 的后面既可以是人，也可以是物。如果说 fool around with somebody，意思就是"与……鬼混"，如果说 fool around with something，那就是"摆弄"或者"瞎鼓捣"的意思，总之，有明显的贬义。如来佛所说的"乾坤摩弄"，如果理解为把乾坤玩于股掌之间，可以考虑用 play with heaven and earth 来翻译。

读《西游记》是一种乐趣，对照原文读英译本的《西游记》不仅是乐趣，更是一个学习和提高的过程，因为你必须把原文和译文的词汇、逻辑和内涵都理清楚，才能充分领会原著的魅力和译文的妙处。

《摩诃般若波罗蜜多心经》的翻译

唐僧师徒西行，还未到西天，就得到了一部真经——《摩诃般若波罗蜜多心经》（又称《般若波罗蜜多心经》或《般若心经》）。

　　《西游记》第十九回"云栈洞悟空收八戒 浮屠山玄奘受心经"，唐三藏在高老庄收了八戒，师徒一行继续向西。过了乌斯藏（即今之西藏），迎面看见一座高山，叫做浮屠山，山上有一位乌巢禅师。唐三藏向乌巢禅师请教西天大雷音寺的去路，禅师道："路途虽远，终须有到之日，却只是魔瘴难消。我有《多心经》一卷，凡五十四句，共计二百七十字。若遇魔瘴之处，但念此经，自无伤害。"三藏拜伏于地恳求，那禅师遂口诵传之。

这当然是说书人的演绎。如果按照《西游记》的说法，《般若心经》根本不是玄奘翻译的，而是那个不知从哪里冒出来的乌巢禅师翻译好了教给玄奘的。事实上，《般若心经》早在东汉时期就已传入中国，最早是三国时期的支谦所译，可惜已经失传。除了支谦和玄奘，还有鸠摩罗什、法月、法成、般若和利言等人翻译过。《般若心经》是般若经系列的精要和总纲，在佛教经典中占有十分重要的地位，否则也不会有这么多高僧苦心孤诣地去翻译它。

玄奘所译的《般若心经》正文共 260 字，言简意赅，博大精深，又因经文短小精粹，便于持诵和传抄，所以流传甚广，也被译成多种文字在世界上传播。

《摩诃般若波罗蜜多心经》：

观自在菩萨，行深般若波罗蜜多时，照见五蕴皆空，度一切苦厄。舍利子，色不异空，空不异色；色即是空，空即是色。受想行识，亦复如是。舍利子，是诸法空相，不生不灭，不垢不净，不增不减。是故空中无色，无受想行识，无眼耳鼻舌身意，无色声香味触法，无眼界，乃至无意识界，无无明，亦无无明尽。乃至无老死，亦无老死尽。无苦集灭道，无智亦无得。以无所得故，菩提萨埵，依般若波罗蜜多故，心无挂碍；无挂碍故，无有恐怖；远离颠倒梦想，究竟涅槃，三世诸佛，依般若波罗蜜多故，得阿耨多罗三藐三菩提。故知般若波罗蜜多，是大神咒，是大明咒，是无上咒，是无等等咒，能除一切苦，真实不虚。故说般若波罗蜜多咒，即说咒曰："揭谛！揭谛！波罗揭谛！波罗僧揭谛！菩提萨婆诃！"

詹纳尔教授的译文：

When the Bodhisattva Avalokitesvara was meditating on the profound prajna-paramita, he perceived that all the five aggregates are void and empty, and he was thereupon freed from all sufferings and calamities. Sariputra, matter is not different from voidness and voidness is not different from matter: matter is voidness and voidness is matter. Such is also the case with sensation, perception, discrimination and consciousness. Sariputra, all these things are void in nature, having neither beginning nor end, being neither pure nor impure, and having neither increase nor decrease. Therefore, in voidness there is no matter, no sensation, no perception, no discrimination and no consciousness; there is no eye, no ear, no nose, no tongue, no body and no mind; there is no sight, no sound, no smell, no taste, no touch and no mental process; there is no category of eye nor is there a category of consciousness; no ignorance nor the cessation of ignorance; no old age and death, nor the cessation of old age and death; there is no suffering, no causes of suffering, no cessation of suffering, and no way leading to the cessation of suffering; and there is no wisdom, nor anything to be gained. As nothing is to be gained, a Bodhisattva depending on prajna-paramita becomes free in his mind, and as he is free in his mind, he has no fear and is rid of dreamlike toughts of unreality and enjoys ultimate Nirvana. By means of prajna-paramita, all Buddhas of the past, the present and the future realize anuttara-samyak-sambodhi. Therefore, we know prajna-paramita is a great divine spell, a great enlightening spell, a supreme spell, and a spell without a parallel, that can do away with all sufferings without fail. Thus we recite the

Prajna-paramita Spell and say: Gate, gate, paragate, parasamgate, bodhi, svaha!

　　玄奘是唐代人，他的文字对于今天的读者来说就是古文，加上佛经语义深奥，又有很多由梵文音译过来的专属名词，译成英文的难度可想而知。詹纳尔教授用最为简单的英语还原了经文的本意，除了梵文音译，所用单词不超出中学生的词汇范围。这种化繁为简、返璞归真的功力，看似简单，实践起来却殊为不易。

　　观自在菩萨就是观世音菩萨（Bodhisattva Avalokitesvara），观世音是鸠摩罗什的翻译，观自在是玄奘的翻译。前者体现慈悲，后者强调智慧。据说，在唐代，因为要避李世民的讳，不能用"世"字，所以老百姓称观世音菩萨时，也省略其中的"世"字，逐渐就演变成观音菩萨了。

　　用英文翻译《般若心经》，首先要确定观世音菩萨是男还是女，这样才能在后面的译文中正确地使用 he 或 she。佛教最初传入中国的时候，观世音菩萨是以男性形象出现的。《华严经》中说，善财童子拜访观世音，在普陀洛迦山，"见岩谷林中，金刚石上，有勇猛丈夫观自在，与诸大菩萨围绕说法"。观世音菩萨大慈大悲、救苦救难的精神更符合女性的慈爱特征，于是逐渐被塑造成了女性的形象，这也是佛教中国化的一个最为生动的案例。其实，诸佛菩萨都是法身，并无男女之分。化身男女或是动物，只是佛门里度人的方便法，是为了更好启发救度众生而已。

了解了上述知识，就不必纠结了。詹纳尔教授选择了 he，余国藩教授选择了 she。两位翻译家在观世音菩萨性别上的选择，一定程度上也反映出他们文化背景的差异。余教授作为中国人，对本土化的观世音菩萨的形象十分熟悉，所以才会选 she，而詹纳尔则不受佛教中国化的影响，按照自己的知识和理解做出了选择。

　　第一句，"观自在菩萨，行深般若波罗蜜多时，照见五蕴皆空，度一切苦厄"。"When the Bodhisattva Avalokitesvara was meditating on the profound prajna-paramita, he perceived that all the five aggregates are void and empty, and he was thereupon freed from all sufferings and calamities。""行深"可以理解为深入修行，但修行的概念太过宽泛，所以詹纳尔用了冥想一词，将修行具体化了。"照见五蕴皆空"中的"蕴"，巴利语是 Khandha，是"堆"的意思。把各种不同的东西分类，每一类作为一堆，这就是蕴。五蕴就是色、受、想、行、识，一共五堆。詹纳尔将五蕴翻译为 five aggregates。普林斯顿大学罗伯特·赖特（Robert Wright）教授讲授"佛教与现代心理学"时，也将五蕴解释为 five aggregates。"度一切苦厄"，即解脱了一切苦厄，freed from all sufferings and calamities。"苦"与"厄"是两层意思，分别译出较为妥帖。

　　翻译《般若心经》，首先要弄清楚"五蕴"的含义，即色、受、想、行、识在佛教话语体系中究竟指的是什么。"色"就是各种物质，是眼、耳、鼻、舌、身五根（感觉器官）和色、声、香、味、触五境（感觉对象），也就是说，凡是能够感觉到（看到、听到、嗅到、尝到、触摸到）的东西都属于"色"。詹纳尔将"色"译为 matter，也有人译为 form，大同小异，感觉上 form 更形而上一些，matter 更接地气，容易理解。"受、想、行、识"四蕴属于精神层面的感受："受"是感觉（苦、乐、不苦不乐等），是 sensation；"想"是印象（摄取事物的相貌，知道是赤、橙、黄、绿，长、短、方、圆，苦、乐、哀、痛等），对应的英译 perception 应该是最佳选择。"行"是指思维，字面上很容易产生歧义。按照赵朴初先生的解释，思维是推动身心活动的力量，所以叫作"行"，是思辨、分辨的意思，译成 discrimination 比较合适。"识"，用佛教语言解释叫作"了别"，是意识清醒状态下的知觉，可以用 consciousness 来翻译。

"三世诸佛",指的是过去、现在、未来三世的一切诸佛。余国藩教授将"三世诸佛"译为 all the Buddhas of the three worlds,是忠实于原文的译法;詹纳尔将其直接翻译成 all Buddhas of the past, the present and the future,对于普通读者来说,更为清晰明了。

玄奘在翻译《般若心经》时,将般若波罗蜜多(到达彼岸的智慧)、菩提萨埵(菩萨)、阿耨多罗三藐三菩提(无上正等正觉)均按梵文发音翻译,英译时也应遵循此法。最后一句咒语"揭谛!揭谛!波罗揭谛!波罗僧揭谛!菩提萨婆诃!"这是一个秘咒,不能翻译,一旦翻译成别的语言再念就不灵了。就如同唐僧的紧箍咒一样,如果用广东话来念,孙悟空一点儿感觉都不会有。"揭谛!揭谛!波罗揭谛!波罗僧揭谛!菩提萨婆诃!"还原成梵文"Gate, gate, paragate, parasamgate, bodhi, svaha!"那么,这句咒语究竟是什么意思呢？我可以用英文悄悄告诉你："Let's go! Let's go! Let's go beyond! Let's all go beyond! O what an awakening! How wonderful!"

《西游记》中有趣的方言

玄奘西行是唐贞观年间的事，从那时起，唐三藏西天取经的故事就开始在民间流传。到了南宋，出现了《大唐三藏取经诗话》；元杂剧有《唐三藏西天取经》《〈西游记〉平话》；明初《永乐大典》中也有后来《西游记》小说中的故事片段。正是一代又一代的说书人和剧作家不断地添加、打磨和整理，不断吸取民间的想象故事和语言的养分，才有了我们今天看到的"四大名著"之一《西游记》。

　　《西游记》作为章回小说，带有鲜明的评书、词话的基因，特别适合说书和弹唱艺人在茶楼酒肆中表演，因此，在语言上不可能过于"阳春白雪"，而是要掺入大量方言和俚语，这样才能更接地气。

《西游记》第一回，猴王走出花果山，到外面的世界去访道寻仙，遇到了一个砍柴的樵夫，误以为是神仙，便上前行礼。猴王近前叫道："老神仙！弟子起手。"那樵夫慌忙丢了斧，转身答礼道："不当人！不当人！我拙汉衣食不全，怎敢当'神仙'二字？"

在这一段文字中，有两个地方值得注意，一个是"起手"，一个是"不当人"。"起手"的意思很丰富，打架的时候，起手就是动手；围棋术语中，起手就是下棋时落下的第一子；行礼的时候，起手就是稽首和作揖。

"不当人"也作"不当人子"，意思是罪过、不敢当、不像样、不像话，既可表示自谦，也可用于指斥、批评。据说，"难过人子""不当人子""怕人子"这类表达方式是苏北方言，现在已经不用，即使是当地人也没几个知道的。不过，这类表达方式在元杂剧和明清小说中出现的频率非常高。如《西游记》第二十四回，镇元大仙的弟子拿人参果款待唐僧，唐僧见那果子是人形，说什么也不信是树上结的："乱谈！乱谈！树上又会结出人来？拿过去，不当人子！"第七回中，如来佛也叫孙猴子"不当人子"。

我们来看看余国藩和詹纳尔两位译者的翻译：

The Monkey King drew near and called out: "Reverend immortal! Your disciple raises his hands." The woodcutter was so flustered that he dropped his ax as he turned to return the salutation. "Blasphemy! Blasphemy!" he said. "I, a foolish fellow with hardly enough clothes or food! How can I bear the title of immortal?"（余译）

> The Monkey King went closer and called to him: "Old Immortal, your disciple greets you." The woodcutter dropped his axe in astonishment and turned round to say, "No, no. I don't even have enough to eat or drink, so how can I possibly let you call me an Immortal?" （詹译）

老神仙

Reverend immortal （余译）

Old Immortal （詹译）

弟子起手

Your disciple raises his hands. （余译）

Your disciple greets you. （詹译）

不当人

Blasphemy （余译）

No （詹译）

这两句话非常简单，但余国藩和詹纳尔却翻译出了截然不同的味道。余教授翻译的猴王与樵夫的对话好像是两个学者在交谈，连"老神仙"都用上了 Reverend 这样一个基督教色彩非常浓厚的词。Reverend 是对教士的尊称，《新牛津词典》的解释是"used as a title or form of address to members of the clergy"，如 the Reverend Pat Tilly（尊敬的帕特·蒂利牧师）。余教授是研究神学的学者，所以对于宗教词汇信手拈来；而詹纳尔教授则以通俗易懂为目标，一个 old 搞定。

"起手"就是稽首或者敬礼，简单译成 greet 或者 salute 即可。如果为了保留原文的文化色彩，直译成 raise hands，我怀疑外国人看不懂，只能猜测，因为在英语中，raise hands 只有举手的意思。

余国藩教授把"不当人"（"罪过"或者"不敢当"）翻译成 blasphemy，也就是亵渎神灵（the action or offence of speaking sacrilegious about God or sacred things）。blasphemy 是一个非常典型的宗教词汇，用在这里表示口语中的罪过或不敢当，可以说把程度强化到了最高级。

詹纳尔教授则本着讲故事的翻译原则，用了英语中最简单的词 no 来翻译"不当人"，同样表达了"不敢当"的意思，只是程度上没有那么夸张而已。

《西游记》第七回，"八卦炉中逃大圣 五行山下定心猿"。齐天大圣与如来佛打赌，如果一个筋斗打出如来的手掌，就请玉帝到西方居住，把天宫让给他；如果打不出手掌，则要下界为妖，再修几劫。结果猴王一个筋斗打出去，看见五根肉红柱子，撑着一股青气，便以为到了天的尽头，于是在柱子上写了"齐天大圣，到此一游"，还在第一根柱子下撒了一泡猴尿。

如来骂道："我把你这个尿精猴子！你正好不曾离了我掌哩！"大圣道："你是不知。我去到天尽头，见五根肉红柱，撑着一股青气，我留个记在那里，你敢和我同去看么？"如来道："不消去，你只自低头看看。"那大圣睁圆火眼金睛，低头看时，原来佛祖右手中指写着"齐天大圣，到此一游"。大指丫里，还有些猴尿臊气。

这个故事在中国可以说是家喻户晓，还由此产生了一个谚语：孙悟空再厉害，也翻不出如来佛的手掌心。

我们先来看余国藩教授的译文：

> "You pisshead ape!" scolded Tathāgata. "Since when did you ever leave the palm of my hand?" The Great Sage said, "You are just ignorant! I went to the edge of Heaven, and I found five flesh-pink pillars supporting a mass of green air. I left a memento there. Do you dare go with me to have a look at the place?" "No need to go there." said Tathagata. "Just lower your head and take a look." When the Great Sage stared down with his fiery eyes and diamond pupils, he found written on the middle finger of the Buddhist Patriarch's right hand

> the sentence, "The Great Sage, Equal to Heaven,
> has made a tour of this place." A pungent whiff
> of monkey urine came from the fork between the
> thumb and the first finger.

　　大概是因为孙猴儿在如来的手上撒了尿，把如来佛给惹急了，所以才爆了粗口。不过，佛祖毕竟是佛祖，即便爆粗口也不会破口大骂，只说了一句"我把你这个尿精猴子！"

　　如来佛用了一个特殊的把字句式，后面不加处置语，留给被骂者自己去想象，属于口语中的雅骂。明清小说中这类句型很常见：

　　木叉骂道："我把你个肉眼凡胎的泼物！我是南海菩萨的徒弟。……"（《西游记》第八回）

　　黛玉听了，翻身爬起来，按着宝玉笑道："我把你烂了嘴的！我就知道你是编我呢。"说着便拧。（《红楼梦》第十九回）

　　理解这句俗语的本意，翻译时不用管"我把"

二字，只把"尿精猴子"译出即可。余国藩教授
的翻译是 You pisshead ape! pisshead 在英语中也是
一句骂人话，意思是醉鬼、昏了头的醉汉，余教
授把这个单词借用过来，可能是因为这是个合成
词，且前面带有一个 piss。詹纳尔将"尿精的猴
子"直译为 piss-spirit of a monkey，也很生动。

"大指丫里，还有些猴尿臊气。"这句话看着
好笑，但翻译起来还是很有些难度的。像"耳根
子""手指缝""脚后跟""脚丫瓣儿"这一类我们经
常挂在嘴上的话，反而容易成为"灯下黑"。

> A pungent whiff of monkey urine came from the
> fork between the thumb and the first finger.（余译）
>
> The stink of monkey-piss rose from the fold at
> the bottom of the finger.（詹译）

詹译简单明了，余译雅致周密。风格虽有差
异，但背后都体现了译者深厚的中英文功底。

　　读《西游记》时会遇到各种各样的方言俚语，如果只是看热闹，一带而过，明白大概意思就可以了。如果从事翻译或者学习汉语文学经典的英译，那么，对任何一个词汇都不能轻易放过。有兴趣的读者，可以看看下面的方言俚语。你能看懂几个？

　　那高老道："这个小长老，倒也家怀。"行者道："你若肯留我住得半年，还家怀哩。"（《西游记》第十八回）

　　八戒闻言大怒，骂道："……看起来，你把我认做个老走硝哩。休得无礼！吃你祖宗这一钯！"（《西游记》第二十二回）

　　行者骂道："这个好打的夯货，你怎么还要者嚣？我老孙身回水帘洞，心逐取经僧。"（《西游记》第三十一回）

　　八戒道："老儿滴答甚么，……有饭只管添将来就是。"（《西游记》第二十回）

　　行者道："……我这大圣部下的群猴，都是一

般模样。你这嘴脸生得各样，相貌有些雷堆，定是别处来的妖魔。"（《西游记》第三十回）

八戒笑道："开锁有何难哉？不用刀斧，教我那一位毛脸老爷，他是开锁的积年。"（《西游记》第六十二回）

各位看官，你看懂上面几个俗语了吗？如果一看就明白，说明你语言知识广博；如果没看明白，怪我给你出难题了。不当人子！不当人子！

《西游记》中
千奇百怪的名字

杜甫《秋兴八首》诗曰："西望瑶池降王母，东来紫气满函关。"杜甫用这两句诗来烘托长安壮阔恢宏的气象，其中涉及两个人物，一个是西王母，一个是骑青牛出函谷关的老子。据说当年李鸿章出访欧洲时，曾将此诗写成对联作为礼物送给英国维多利亚女王，以西王母喻英国女王，以紫气东来喻来自东方的中国使者（李鸿章与老子同姓）。当时的翻译是怎么翻译西王母和老子这两个名字的？英国人是否体会到了中国人借助此联表达的善意呢？今天的我们已经不得而知了。

　　人名的翻译是一门大学问，特别是文学作品中人名的翻译。译得好，不仅能更好地体现人物的精神与性格，还能让故事情节更加鲜明生动；译得不好，不仅对故事内容的讲述没有帮助，还有可能让读者的阅读兴趣大打折扣。

　　对于任何一位译者来说，翻译《西游记》中人物的名字都是一个巨大的挑战，因为那根本不是人名，而是像独角鬼王、赤脚大仙、托塔天王、二郎真君、牛魔王等神仙鬼怪的名字。有的在故事中一带而过，有的则反复出现。当然，最需要花心思的还是孙悟空、猪八戒、沙和尚、观音菩萨、唐三藏这些主角名称的翻译。

　　詹纳尔教授在回忆翻译《西游记》的文章中说，韦利的《西游记》节译本给了他很大的启发，但在翻译的过程中，詹纳尔还是希望不受韦利译本的影响，按照自己的理解和选择去翻译。

I did not want to copy him, but neither did I want to have to keep making conscious efforts to avoid his choice of words. However, I could not help remembering his names for the main characters. Monkey I could not bring myself to drop. I regretted not being able to use Pigsy, but Pig was fine and I think I preferred Friar Sand to Waley's Sandy, which makes him a wee bit Scottish. Sanzang was not ideal for the general reader of English, but then, neither was Waley's Tripitaka.

詹纳尔教授并不想照搬韦利的翻译，但也不想刻意回避他的遣词用句。韦利对于小说中人物名字的翻译让詹纳尔印象深刻，想忘也忘不了。Monkey（猴王）这个名字肯定要用。詹纳尔将猪八戒直接翻译成 Pig，没有译成 Pigsy，对此，他略有些遗憾，因为 Pigsy 与 Monkey 尾音相协，听起来也更俏皮。韦利将沙僧译成 Sandy，詹纳尔认为有点儿像苏格兰人的名字，所以他还是选择了 Friar Sand。如果真的将孙悟空、猪八戒和沙僧译为 Monkey、Pigsy、Sandy，也挺有意思的，类似于猴猴、猪猪、沙沙，年轻人一定会喜欢。

《西游记》小说中的名字大致可以分为三个大类：一类是佛教中的人物，如如来佛祖、观音菩萨、木叉行者、文殊菩萨等；另一类是神仙，如玉皇大帝、太上老君、镇元大仙、太白金星、王母娘娘等；还有一类就是妖魔鬼怪，如蝎子精、黄风怪、牛魔王、铁扇公主等。

佛教人物名字的英译是有规矩可循的，一般都是依照梵文音译。

如来佛 Tathagata

观音菩萨 Guan-yin Bodhisattva; the Goddess of Mercy

普贤菩萨 Bodhisattva Visvabhadra/Samantabhadra

文殊菩萨 Bodhisattva Manjusri

阿傩（阿难陀）Ananda

迦叶 Kasyapa

善财童子 Page Sudhana

神、仙、妖、魔、鬼、怪的名字千奇百怪，光怪陆离，翻译成英文虽然有难度，但也有很大发挥想象力的空间。神和仙都是正向修行的结果，代表正义的力量，而妖魔鬼怪则是往邪路上修行的结果，是邪恶的化身，这一点在翻译的时候也要注意，可能会影响到词语的选择。

玉皇大帝 Jade Emperor

王母娘娘 Lady Queen Mother（余译），Queen
　　　　　 Mother（詹译）

赤脚大仙 Bare-foot Immortal

太白金星 Gold Star of Venus

太上老君 Lord Laozi

镇元大仙 Great Zhenyuan Immortal

托塔天王李靖 Pagoda Bearer Devaraja Li Jing

哪吒三太子 Third Prince Nata

显圣二郎真君 Immortal Master of Illustrious Sagacity Erlang（余译）
Illustrious Sage and True Lord Erlang（詹译）

巨灵神 Mighty-Spirit God

鱼肚将 Fish-Belly General

药叉将 General of the Yaksas

天蓬元帅 Marshal of the Heavenly Reeds（余译）Marshal Tian Peng in the Milky Way（詹译）

卷帘大将 Curtain-Raising General

武曲星君 Star Spirit of Wuqu

阎王 King of the Underworld

《西游记》的里妖魔鬼怪五花八门，虎豹熊鹿、鲤鱼老鳖、兔子老鼠，什么都能成精。

牛魔王 Bull Demon King

铁扇公主 Princess Iron Fan

熊黑怪 Bear Spirit

白骨精 White-Bone Spirit

金角大王 Great King Golden Horn

狮猁怪 Lion King

蝎子精 Scorpion Spirit

黄风怪 Yellow Wind Monster

红孩儿（圣婴大王）Red Boy; Great King Holy
　　　　　　　　　　　　　Child

玉面公主 Princess Jade Countenance

金鼻白毛老鼠精 Golden-Nosed White-Haired
　　　　　　　　　　　Rodent Spirit

独角兕大王 Great King One-Horned Buffalo

　　很少有文学作品像《西游记》这样，有这么
多神仙妖魔鬼怪，所以，翻译他们的名字也成了
一项难度不小的挑战。还有，在翻译的时候，神
与神之间的关系也是译者需要认真考虑的因素，
比如，玉皇大帝和王母娘娘（西王母）的关系。

　　从字面上看，玉皇大帝与王母娘娘应该是夫

妻或是母子关系，其实不然，他们两个是上下级"同事"关系。玉皇大帝是天庭最高统治者，三才（天、地、人）的主宰；王母则是生育万物、主管所有女仙和长生不老药的女神。玉皇大帝级别虽然高，但比起王母娘娘来，资历要浅很多。唐诗中有"玉皇"的称呼，到了宋代真宗年间才有正式的封号"太上开天执符御历含真体道玉皇大天帝"。而西王母的履历，则要从甲骨文时代算起。殷商甲骨有"贞：侑于东母、西母，若"的卜辞，《山海经》中也有关于西王母的记载。

玉皇大帝的全称过于复杂，译成 Jade Emperor 即可。西王母（王母娘娘），余国藩教授的翻译是 Lady Queen Mother，詹纳尔教授的翻译是 Queen Mother。不论哪一种译法，都有 Queen Mother 这个核心概念。Queen Mother 和 Empress Dowager 一样，是指皇太后，也就是现任君主的母亲。在英语中，The Queen Mother 一般是指英国女王伊丽莎白二世的母亲，当今泰国国王的母亲诗丽吉（Sirikit）也被尊称为 the Queen Mother。因为是神话传说，所以我们永远也搞不清楚西王母到底是哪个王的母，索性翻译成 the Queen Mother of the West，简称 Queen Mother，给读者留足想象的空间。余教授 Lady Queen Mother 的译法，的确令人琢磨，难道是"皇太后女士"或者"王母娘娘女士"？

中国人的名称比较复杂，有姓、名、字、号，如诸葛亮，姓诸葛，名亮，字孔明，号卧龙。中国神仙的名称也不简单，如孙悟空，原本是石猴（stone monkey），占山成了"美猴王"（Monkey King），跟着须菩提祖师学道，取了一个法名"孙悟空"（Sun Wukong），通过大闹天宫争取到"齐天大圣"的称号（the Great Sage），拜唐僧为师，又与他起了个诨名"孙行者"（Pilgrim Sun）；唐僧不高兴时还将其骂作"猴头"（Monkey）。《西游记》中孙悟空的称呼不断变换，翻译时既要保持原意，又不能随意变换而引起逻辑混乱，让外国读者不知道说的是谁。

毛泽东与《西游记》

毛泽东一生酷爱读书，对《西游记》更是情有独钟。他在写文章和讲话的时候，多次引用《西游记》里的故事。

　　1942年，毛泽东为延安《解放日报》撰写社论阐释"精兵简政"的方针，在谈到"何以对付敌人的庞大机构"时，他说："铁扇公主虽然是一个厉害的妖精，孙行者却化为一个小虫钻进铁扇公主的心脏里去把她战败了。……目前我们须得变一变，把我们的身体变得小些，但是变得更加扎实些，我们就会变成无敌的了。"（《毛泽东选

集》第三卷，人民出版社，1991）

　　那么，这段文章应该怎样翻译成英文呢？

我们来看看外文出版社《毛泽东选集》英译本的

翻译：

As for the question of how to deal with the enemy's enormous apparatus, we can learn from the example of how the Monkey King dealt with Princess Iron Fan. The Princess was a formidable demon, but by changing himself into a tiny insect the Monkey King made his way into her stomach and overpowered her.

… Now it is imperative for us to do a little changing and make ourselves smaller but sturdier, and then we shall be invincible.

(*Selected Works of Mao Tse-tung*, Foreign Languages Press, 1967)

当年《毛泽东选集》的翻译，汇集了国内翻译界的一流高手，钱锺书、金岳霖、王佐良、许国璋等均在其中。上面所引的英文同中文原文一样，不追求复杂的结构和华丽的辞藻，用最为平实的语言，把道理讲得清清楚楚。譬如，毛泽东说，"目前我们须得变一变"，这里的"变一变"指的是调整而不是大规模的改革，所以，译文中没有使用 reform 或者 transformation 等词，而是用 do a little changing 这样一个口语化的短语，妥帖地再现了毛泽东讲话的原意。毛泽东的语言有着非常鲜明的个人色彩。翻译他的著作，字词转换相对容易，最难的就是风格的再现，这也是《毛泽东选集》英译本的难能可贵之处。

1953 年 2 月 7 日，在全国政协一届四次会议的闭幕会上，毛泽东说："在封建时代，唐朝兴盛的时候，我国曾经和印度发生密切的关系。我们的唐三藏法师，万里长征去取经，比较后代学外国困难得多。我们这个民族，从来不拒绝接受别

的民族的优良传统。"[*]

毛泽东博览群书，不仅对《西游记》中的故事情节了如指掌，对历史上真实的玄奘和他西行取经、翻译佛经的事迹也十分熟悉。从上面的讲话来看，他对唐僧的评价还是很高的。

1961 年 10 月，郭沫若先生观看绍剧《孙悟空三打白骨精》后写了一首诗：

人妖颠倒是非淆，对敌慈悲对友刁。

咒念金箍闻万遍，精逃白骨累三遭。

千刀当剐唐僧肉，一拔何亏大圣毛。

教育及时堪赞赏，猪犹智慧胜愚曹。

郭沫若将此诗呈送毛泽东。11 月 17 日，毛泽东写下了这首《七律·和郭沫若同志》：

---

* 摘自"共产党员网"，【党史百年·天天读】2 月 7 日，
https://www.12371.cn/2021/02/05/ARTI1612489999447814.shtml.

一从大地起风雷，便有精生白骨堆。

僧是愚氓犹可训，妖为鬼蜮必成灾。

金猴奋起千钧棒，玉宇澄清万里埃。

今日欢呼孙大圣，只缘妖雾又重来。

毛泽东写这首诗的时候，正值苏联赫鲁晓夫集团分裂国际共产主义阵营，恶化同中国共产党的关系，撤走援华专家，撕毁中苏合同，挑起边境冲突。毛泽东以高超的艺术手法，巧妙地借用《西游记》中的三个人物——孙悟空、唐僧和白骨精，来比喻当时的斗争形势。在这首诗中，毛泽东对孙悟空的形象进行了再创造，寥寥数笔，刻画出荡涤妖氛、横扫尘埃、澄清寰宇的全新的孙悟空形象。毛泽东号召全党和全国人民像孙悟空那样，"奋起千钧棒"，扫清尘埃，保卫国家，捍卫马克思主义的纯洁性。这首诗的现实作用非常明显，"金猴"的形象也是毛泽东心中中国人民敢于斗争的精神体现。

外文出版社出版了《毛泽东诗词》英译本，其中就有这首《七律·和郭沫若同志》。

> **Reply to Comrade Guo Moruo**
>
> – a *lü shi*
>
> November 17, 1961
>
> A thunderstorm burst over the earth,
>
> So a devil rose from a heap of white bones.
>
> The deluded monk was not beyond the light,
>
> But the malignant demon must wreak havoc.
>
> The Golden Monkey wrathfully swung his massive cudgel
>
> And the jade-like firmament was cleared of dust.
>
> Today, a miasmal mist once more rising,
>
> We hail Sun Wukong, the wonder-worker.

说实话，这首诗，无论专家们翻译得多好，外国人不一定看得懂。先不说诗的内容，就是

"七律"两个字用音译翻译成 *lü shi*，一上来就把外国读者打蒙了。接下来每一句诗里都有典故，典故中的"金猴""僧"和"妖雾"又各有所指，如果不熟悉《西游记》里"孙悟空三打白骨精"的情节，连说的是什么都不知道，更不用说去体会诗词背后蕴含的意义了。

从第一句开始，英语读者就会感到非常疑惑。为什么暴风雨一来，就会有妖精从一堆白骨中生出来？那个受骗的和尚是谁？怎么突然又冒出个挥舞短棍的金猴子？用棍子也能把天空的灰尘打扫干净？那个能创造奇迹的 Sun Wukong 又是谁，是那个拿短棍的猴子吗？

像这样寓意深刻的诗，要想让外国读者看明白，我想只有一个办法，那就是在诗的前面加上详细的说明。每一种语言都有其独特的文化基因，在翻译和转换的过程中，很难做到斤两相称，严丝合缝。翻译永远是一门遗憾的艺术。

《西游记》与「说书」

中国的说书艺术源远流长，但究竟始于何时，已无从考证。今天，我们能见到的关于说书的最早文物，就是成都出土的东汉说唱俑。俑高56厘米，灰陶制成，左臂挟一个小圆鼓，右手持鼓槌，眯眼张口，笑容可掬，仿佛正说唱到精彩之处。说唱俑的出土，证明至少在汉代，说唱的艺术形式已经在民间广泛流行了。

　　说唱艺术对后来的章回体小说影响很大。明代小说《三国演义》《水浒传》和《西游记》，最初都是评书（唐代叫"说话"）的话本，说书的

“痕迹”十分明显。

　　说书人在开讲之前，往往会念上一首诗，或四句或八句，行话叫“定场诗”，主要是为了吸引人们注意，招徕听众。

　　《西游记》小说一开篇就是一首七言诗：

混沌未分天地乱，茫茫渺渺无人见。

自从盘古破鸿蒙，开辟从兹清浊辨。

覆载群生仰至仁，发明万物皆成善。

欲知造化会元功，须看《西游释厄传》。

　　这是一首非常典型的定场诗，从混沌未分到盘古开天，从滋生万物到文明教化，如果想知道自然的运行和发展的道理，请看《西游释厄传》。由古至今，由远及近，自然而然地引出了《西游记》的故事。

　　定场诗未必多么高明，但功能性是很强的，须节奏明快，通俗易懂，朗朗上口，要能将后面的故事引出来。西方虽然也有游吟诗人和史诗的创作传统，但似乎与小说关联不大，外国小说中也很少见到这种写作方式。从这个意义上说，定场诗是中国章回体小说非常独特的文化表现形式，也给翻译提出了很大挑战。译得好，对读者理解故事情节大有帮助；译得不好，反成鸡肋，还不如省去。

那么，上面说的这首诗应该怎么翻译呢？余国藩教授是这样翻译的：

> Ere Chaos's divide, with Heav'n and Earth a mess,
>
> No human appeared in this murkiness.
>
> When Pan Gu broke the nebula apart,
>
> The dense and pure defined, did clearing start.
>
> Enfold all life supreme humaneness would
>
> And teach all things how become good they should.

> To know cyclic time's work, if that's your quest,
>
> Read *Tale of Woes Dispelled on Journey West.*

余教授用双韵体将这首诗译成了英文，又加了两个注释，对盘古和《西游释厄传》加以说明。即便不加注释，我想外国读者也是可以看懂的。Ere（中古英语 Middle English）就是 before，混沌即 Chaos，中西认识大致相同，都是指宇宙形成之前无形无序的状态。"When Pan Gu broke the nebula apart, the dense and pure defined, did clearing start."这句话清楚地解释了盘古开天辟地，将混沌一片的星云分开，清者为天，浊者为地。有了天地，才有众生和最高的人性，也就是"至仁"（supreme humaneness），才能教化万物。"会"和"元"都是时间概念，一"会"为 10,800 年，一"元"为 129,600 年，"会元功"可以理解为漫长的时光中事物的发展变化过程。因为"会"和"元"不是我们今天所熟悉的线性时间概念，而是循环时间概念，所以，余教授将其译为 cyclic time's work。为了押韵，余教授插入了 if that's your quest，与最后一句中的 west 完美匹配。诗中《西游释厄传》可能是指明中期朱鼎臣所辑《西游记》简本，"释厄"就是"消除灾难"，故译成 woes dispelled。

评书不是电影或者戏剧，所有的情节、场面、人物都要靠语言来铺垫。每当有人物出场，说书人就要将其来历、身份、相貌和性格向听众交代清楚，这叫"开脸儿"。如袁阔成的评书《三国演义》关公的开脸儿："身高九尺五，虎体熊腰，面如重枣，卧蚕眉，丹凤眼，高鼻梁，四字口，大耳相衬，胸前飘洒五绺长髯。"开脸儿经常采用对偶句、诗词或者韵文的形式，用评书的术语叫做"赋赞"。《西游记》中观音菩萨的开脸儿就是一个非常典型的例子：

理圆四德，智满金身。缨络垂珠翠，香环结宝明。乌云巧迭盘龙髻，绣带轻飘彩凤翎。碧玉纽，素罗袍，祥光笼罩；锦绒裙，金落索，瑞气遮迎。眉如小月，眼似双星。玉面天生喜，朱唇一点红。净瓶甘露年年盛，斜插垂杨岁岁青。解八难，度群生，大慈悯。故镇太山，居南海，救苦寻声，万称万应，千圣千灵。兰心欣紫竹，蕙性爱香藤。他是落伽山上慈悲主，潮音洞里活观音。

说书人讲到精彩之处，往往会来上一段"串口"。"串口"也叫"垛句"，是用排比重叠的句子强化效果。《西游记》第四回，孙悟空与哪吒三太子对阵：

六臂哪吒太子，天生美石猴王，

相逢真对手，正遇本源流。

那一个蒙差来下界，

这一个欺心闹斗牛。

斩妖宝剑锋芒快，

砍妖刀狠鬼神愁；

缚妖索子如飞蟒，

降妖大杵似狼头；

火轮掣电烘烘艳，

往往来来滚绣球。

大圣三条如意棒，

前遮后挡运机谋。

苦争数合无高下，

太子心中不肯休。

把那六件兵器多教变，

百千万亿照头丢。

猴王不惧呵呵笑，

铁棒翻腾自运筹。

以一化千千化万，

满空乱舞赛飞虬。

唬得各洞妖王都闭户，

遍山鬼怪尽藏头。

神兵怒气云惨惨，

金箍铁棒响飕飕。

那壁厢，天丁呐喊人人怕；

这壁厢，猴怪摇旗个个忧。

发狠两家齐斗勇，

不知那个刚强那个柔。

这一大段串口下来，如行云流水，气势非凡，把悟空和哪吒的争斗描写得活灵活现，栩栩如生。中文是方块字单音节，读起来很容易形成对仗和顿挫的效果，而英文是字母文字，音节既多，又长短不一，所以，翻译串口很难达到原文的效果。我们来看看余国藩教授翻译的这几句话：

The six-armed Prince Nata.

The Heaven-born Handsome Stone Monkey King.

Meeting, each met his match

And found each to be from the same source.

One was consigned to come down to Earth.

The other in guile disturbed the universe.

The edge of the monster-stabbing sword was

quick;

The keen, monster-cleaving scimitar alarmed demons and gods;

The monster-binding rope was like a flying snake;

The monster-taming club was like the head of a wolf;

The lightning-propelled fiery wheel was like darting flames;

Hither and thither the embroidered ball rotated.

The three compliant rods of the Great Sage

Protected the front and guarded the rear with care and skill.

A few rounds of bitter contest revealed no victor,

But the prince's mind would not so easily rest.

He ordered the six kinds of weapon to change

Into hundreds and thousands of millions, aiming for the head.

The Monkey King, undaunted, roared with laughter loud,

And wielded his iron rod with artful ease:

One turned to a thousand, a thousand to ten thousand,

Filling the sky as a swarm of dancing dragons,

And shocked the Monster Kings of sundry caves into shutting their doors.

Demons and monsters all over the mountain hid their heads.

The angry breath of divine soldiers was like oppressive clouds.

The golden-hooped iron rod whizzed like the wind.

On this side,

The battle cries of celestial fighters appalled

every one;

  On that side,

  The banner-waving of monkey monsters startled each person.

  Growing fierce, the two parties both willed a test of strength.

  We know not who was stronger and who weaker.

这一段翻译非常准确,基本上做到了字字对应。孙悟空与哪吒都是须菩提祖师的徒弟,所以师兄弟之间的较量才会"相逢真对手,正遇本源流"。"棋逢对手"的英文翻译是 meet one's match in a contest,悟空和哪吒 each met his match and found each to be from the same source。原文中哪吒的兵器——斩妖剑(monster-stabbing sword)、砍妖刀(monster-cleaving scimitar)、缚妖索(monster-binding rope)、降妖杵(monster-taming club)、火轮(lightning-propelled fiery wheel)、绣球(embroidered ball)，一口气说出，强化了惊心动魄的效果。余国藩教授在翻译时，特意连续使用 monster-stabbing, monster-cleaving, monster-binding, monster-taming，形成"英文串口"。但无论如何，多音节的字母文字也无法像单音节的方块字那样产生对仗和铿锵的效果。好在外国读者的目的是为了读小说，而不是听评书。

最后，再说说"关子"。"关子"也叫"扣子"，是说书人为了抓住听众故意丢下的悬念。评书是一段一段表演的，每到关键时刻，说书人把醒木一拍，这一节就结束了。这样一来，听众就会被悬念提着，心痒难耐，迫不及待地等着下回分解。《西游记》第六回结尾，天兵天将捉了孙悟空，请玉帝发落。

玉帝传旨，即命大力鬼王与天丁等众，押至斩妖台，将这厮碎剁其尸。

咦！正是：

欺诳今遭刑宪苦，英雄气概等时休。

毕竟不知那猴王性命如何，且听下回分解。

余国藩教授的译文：

The Jade Emperor then gave the order that the demon king Mahābāli and the celestial guardians take the prisoner to the monster execution block, where he was to be cut to small pieces. Alas, this is what happens to

Fraud and impudence, now punished by the Law;

Heroics grand will fade in the briefest time!

We do not know what will become of the Monkey King; let's listen to the explanation in the next chapter.

听众都惦记着孙悟空能不能保住性命，一颗颗心都悬了起来，可就在这个时候，说书人不讲了，吊足了大家的胃口。这就是卖"关子"。每到关键时刻，必定"下回分解"，这时候，说书人可以喘口气儿，喝口茶，迫不及待的听众会送上几文大钱，催促说书人快点往下讲。

再看看其他几位翻译家是怎样处理"下回分解"的：

> To learn whether the outcome was favorable or otherwise, please turn to the next chapter. （闵福德 *The Story of the Stone*, chapter 106）
>
> If you do not know what lay in store for them on their way ahead listen to the explanation in the next instalment. （詹纳尔 *Journey to the West*, chapter 83）
>
> Could Lord Guan make good his escape? Read on. （罗慕士 *Three Kingdoms*, chapter 27）
>
> Yucun turned to look. But to know who it was, you must read the chapter which follows. （杨宪益、戴乃迭 *A Dream of Red Mansions*, chapter 2）
>
> If you wish for further details, you may learn

them in the following chapter. (霍克斯 *The Story of the Stone*, chapter 12)

翻译家们也在尽量寻求一些变化，但结果都是大同小异。

评书词话，取材于民间故事，吸收了老百姓的语言、智慧和想象，是章回体小说的源头，也是文化基因的活标本。《西游记》与说书艺术有着千丝万缕的联系，用心倾听，仔细品味，就能感受到中华文化的静水流深，文脉跃动。

如意金箍棒
与九齿钉钯

中国古代四大名著除《红楼梦》外，都有战争和打斗的描写，涉及的兵器也是形形色色，五花八门。很多兵器已经与人物形象融为一体，不可或缺。《三国演义》中关云长的形象就是赤面长髯，着鹦鹉绿战袍，跨赤兔马，提青龙偃月刀，我们很难想象手持一对板斧或者举着一根狼牙棒的关公会是什么样子。关羽的青龙偃月刀、张飞的丈八蛇矛、吕布的方天画戟、孙悟空的如意金箍棒、猪八戒的九齿钉钯，都是专人专用，替换不得。

《西游记》中最为亮眼的兵器就是孙悟空的如意金箍棒和猪八戒的九齿钉钯了。

如意金箍棒是最富于想象力的兵器，能够按照人的心思变化大小粗细，在我读过的小说中，这是独一份的创意。《西游记》第三回，孙悟空从东海龙王那里得到金箍棒，回到花果山向众猴炫耀："他弄到欢喜处，跳上桥，走出洞外，将宝贝撑在手中，使一个法天象地的神通，把腰一躬，叫声'长！'他就长的高万丈，头如太山，腰如峻岭，眼如闪电，口似血盆，牙如剑戟；手中那棒，上抵三十三天，下至十八层地狱，把些虎豹狼虫，满山群怪，七十二洞妖王，都唬得磕头礼拜，战兢兢魄散魂飞。霎时收了法象，将宝贝还变做个绣花针儿，藏在耳内，复归洞府。慌得那各洞妖王，都来参贺。"

小学时读《西游记》，看到这一段，不禁热血沸腾，多么希望自己也能有一根金箍棒啊！有了金箍棒，自己在班级甚至学校中的"江湖地位"

都会大不一样。

如意金箍棒是太上老君打造的，两头是两个金箍，中间是一段乌铁，有星斗铺陈；紧挨着金箍有镌成的一行字："如意金箍棒，重一万三千五百斤"。后来大禹治水，用它来测江海的深浅，因此又叫"天河定底神珍铁"。此棒到了孙悟空的手里，才算遇到真正的主人，成为惊天动地的神器。

《西游记》第七十五回，孙悟空在狮驼岭曾这样夸耀自己的如意金箍棒：

"棒是九转镔铁炼，老君亲手炉中煅。

禹王求得号'神珍'，四海八河为定验。

中间星斗暗铺陈，两头箍裹黄金片。

花纹密布鬼神惊，上造龙纹与凤篆。

名号'灵阳棒'一条，深藏海藏人难见。

成形变化要飞腾，飘摇五色霞光现。

老孙得道取归山，无穷变化多经验。

时间要大瓮来粗，或小些微如铁线。

粗如南岳细如针，长短随吾心意变。

轻轻举动彩云生，亮亮飞腾如闪电。

攸攸冷气逼人寒，条条杀雾空中现。

降龙伏虎谨随身，天涯海角都游遍。

曾将此棍闹天宫，威风打散蟠桃宴。

天王赌斗未曾赢，哪吒对敌难交战。

棍打诸神没躲藏，天兵十万都逃窜。

雷霆众将护灵霄，飞身打上通明殿。

掌朝天使尽皆惊，护驾仙卿俱搅乱。

举棒掀翻北斗宫，回首振开南极院。

金阙天皇见棍凶，特请如来与我见。

兵家胜负自如然，困苦灾危无可辨。

整整挨排五百年，亏了南海菩萨劝。

大唐有个出家僧，对天发下洪誓愿。

枉死城中度鬼魂，灵山会上求经卷。

西方一路有妖魔，行动甚是不方便。

已知铁棒世无双，央我途中为侣伴。

邪魔汤着赴幽冥，肉化红尘骨化面。

处处妖精棒下亡，论万成千无打算。

上方击坏斗牛宫，下方压损森罗殿。

天将曾将九曜追，地府打伤催命判。

半空丢下振山川，胜如太岁新华剑。

全凭此棍保唐僧，天下妖魔都打遍！"

这一大段说不上是诗，更像是顺口溜，是典型的说书人的口吻。中文理解起来并不难，但翻译成流畅易懂的英译顺口溜可就不容易了。我们来看看詹纳尔教授的译文：

The cudgel is made of nine-cycled wrought iron

Tempered by Lord Lao Zi himself in his furnace.

King Yu called it a divine treasure when he obtained it

To hold the eight rivers and four oceans in place.

In its middle the constellations are secretly set out,

And each end is banded with yellow gold.

Ghosts and gods are amazed at its intricate decorations,

Dragon patterns and phoenix signs.

Known as the Divine Male Cudgel,

It was inaccessibly deep in the bed of the sea.

Its shape can change and it knows how to fly,

Sending clouds of many colours drifting through the air.

Once it was mine I took it back to my mountain,

Where I discovered how its infinite changes.

When I want size it's as thick as a vat,

Or it can be as thin as an iron wire,

Huge as a mountain or small as a needle,

Adapting its length to the wishes of my heart.

Lightly I lift it and coloured clouds spring up,

Or it flies through the sky and flashes like lightning.

The cold air it gives off chills all who feel it,

And ominous mists appear in the sky.

I have carried it with me to beat dragons and tigers,

Travelling to all of the ends of the earth.

Once with his cudgel I made havoc in heaven,

And used its great might to wreck the peach banquet.

The heavenly kings were unable to beat me,

And Nezha was hard pressed to match me in combat.

With this cudgel against them the gods had no safe refuge;

A hundred thousand heavenly troops all scattered and fled.

The gods of thunder guarded the Hall of Miraculous Mist

When the cudgel attacked the Palace of Universal

Brightness.

All of the angels at court were flustered

And the Jade Emperor's ministers were thrown into panic.

I raised my cudgel to overturn the Palace of the Dipper,

Then turned back to shake up the South Pole Compound.

Seeing my dread cudgel at his golden gates

The Jade Emperor invited the Buddha to see me.

The soldier takes defeat and victory in his stride;

There is nothing to choose between suffering and disaster.

I stuck it out for full five hundred years

Until I was converted by the Bodhisattva Guanyin.

Then a holy monk appeared in Tang

Who swore a mighty oath to heaven,

To save the souls in the City of the Unjustly Slain

And fetch the sutras at an assembly on Vulture Mountain.

On the journey to the West are many evil monsters

Whose actions would be a great obstacle to him.

So, knowing that my cudgel is matchless in the world,

He begged me to be his companion on the journey.

When it struck down evil spirits they were sent to the Underworld,

Their flesh turned to red dust and their bones all to powder.

Evil spirits everywhere were killed by the

cudgel,

In thousands upon thousands too numerous to count.

Up above it wrecked the Dipper and Bull Palace,

And below it ruined the Senluo Court in Hell.

Of the heavenly generals it routed the Nine Bright Shiners,

And it wounded all of the Underworld's judges.

Dropped from mid-air it shakes mountains and rivers;

It is stronger than the sword of an evil star.

With this cudgel alone I protect the Tang Priest

And kill all the evil monsters in the world.

如意金箍棒是镔铁做的。镔铁是古代的精铁，据说原产于波斯、印度等地，南北朝时传入中国。"九转镔铁"就是经过多次回炉锻打的熟铁

（wrought iron），而且还是太上老君亲手打造，所以，詹纳尔教授将其译成"The cudgel is made of nine-cycled wrought iron / Tempered by Lord Lao Zi himself in his furnace."。wrought 是 work 的过去分词的旧式用法，用作形容词，多指加工、锻造，如 wrought iron（熟铁、锻铁）、wrought steel pipe（轧制钢管）。temper 则是"回炉"的意思，是"炼"。汉语中多组合词，如"锻炼"就是由两个不同的词组成，在翻译成英文的时候必须区分清楚。

如意金箍棒原是大禹治水时测定江海的一个定子，号称"天河定底神珍铁"，后来口口相传，就走形了，变成了"定海神针"。"神针"英文是 divine needle，"神珍"是 divine treasure，或者倒过来说 treasure divine 也可以。除了"天河定底神珍铁"之外，如意金箍棒还有一个名字，叫"灵阳棒"，詹纳尔教授将"灵阳棒"翻译成 Divine Male Cudgel，意思是"神奇的男性的短棍"。我感觉这样翻译过于实在，容易让外国读者产生一些不必要的联想。余国藩教授将"灵阳棒"翻译成 Rod of Numinous Yang，可作参考。

孙悟空说出这段顺口溜介绍如意金箍棒，却也没忘了吹嘘和抬高自己。明明是玉皇大帝请如来佛祖收拾他，他却说"金阙天皇见棍凶，特请如来与我见"；明明是受观音菩萨点化，唐三藏把他解救出来，收为徒弟，去西天取经，却被他说成"（唐僧）已知铁棒世无双，央我途中为侣伴"。虽是说来吓唬妖魔，也反映出孙悟空性格的可爱之处。

下面再聊聊猪八戒的九齿钉钯。因为有孙悟空的如意金箍棒在先，读者往往会忽视猪八戒的九齿钉钯。其实，老猪的这个物件来头很大，一点儿都不亚于孙悟空的如意金箍棒。关于这件兵器的来历，作者没做专门介绍，而是让猪八戒自己说出来。《西游记》第十九回，孙悟空与猪八戒在云栈洞交手，悟空故意调侃他说，你这钯子可是在高老庄给人家锄地种菜用的？八戒很受伤害，我这家伙什儿岂是凡间之物？且听我道来：

此是锻炼神冰铁，磨琢成工光皎洁。

老君自己动铃锤，荧惑亲身添炭屑。

五方五帝用心机，六丁六甲费周折。

造成九齿玉垂牙，铸就双环金坠叶。

身妆六曜排五星，体按四时依八节。

短长上下定乾坤，左右阴阳分日月。

六爻神将按天条，八卦星辰依斗列。

名为上宝逊金钯，进与玉皇镇丹阙。

因我修成大罗仙，为吾养就长生客。

敕封元帅号天蓬，钦赐钉钯为御节。

举起烈焰并毫光，落下猛风飘瑞雪。

天曹神将尽皆惊，地府阎罗心胆怯。

人间那有这般兵，世上更无此等铁。

随身变化可心怀，任意翻腾依口诀。

相携数载未曾离，伴我几年无日别。

日食三餐并不丢，夜眠一宿浑无撇。

也曾佩去赴蟠桃，也曾带他朝帝阙。

皆因仗酒却行凶，只为倚强便撒泼。

上天贬我降凡尘，下世尽我作罪孽。

石洞心邪曾吃人，高庄情喜婚姻结。

这钯下海掀翻龙鼍窝，上山抓碎虎狼穴。

诸般兵刃且休题，惟有吾当钯最切。

相持取胜有何难，赌斗求功不用说。

何怕你铜头铁脑一身钢，钯到魂消神气泄！

无独有偶，这九齿钉钯竟然也是太上老君打造的。老子在人间的时候是个哲学家和思想家，得道成仙之后，摇身一变，成了天上的"大国工匠"，专门打造各种兵器。如意金箍棒、九齿钉钯、金刚琢、紫金铃都是他老人家的作品。

据猪八戒介绍，他的钉钯原料是神冰铁，经过抛光打磨，晶亮皎洁；掌锤的首席工匠是太上老君，五方天帝和六丁六甲之神都参与了设计和施工；不仅用料精良，设计讲究，在装潢上也是严格按照四时八节、乾坤阴阳、六爻八卦的规范。这个钯子正式的名称是"上宝逊金钯"，是献给玉皇大帝的镇阙之宝。猪八戒当了天蓬元帅之后，玉帝把这个钯子赐给他，既是兵器，也是调动军队的权力象征。由此可见，当年在天庭，猪八戒的地位远远高于有名无实的"齐天大圣"。

限于篇幅，就不讨论整首诗的翻译了，读者如果感兴趣，可对照詹纳尔教授的译文（外文出版社，2018）和余国藩教授的译文（上海外语教育出版社，2016）。

最后，将余国藩和詹纳尔两位译者关于如意金箍棒和九齿钉钯的翻译罗列如下，供大家学习参考。

如意金箍棒：

The Compliant Golden-Hooped Rod（余译）
As-You-Will Gold-Banded Cudgel（詹译）

九齿钉钯：

Nine-Pronged Muckrake（余译）

Nine-Pronged Rake（詹译）

忍不住再说两句。余国藩教授将猪八戒的九齿钉钯译成 muckrake，也就是粪耙，似乎不妥。九齿钉钯是太上老君精心打造献给玉皇大帝的，不可能照着粪耙来做，且钉钯种类繁多，有搂草用的，有松土和平整土地用的，有刨红薯和马铃薯用的。九齿以上的钉钯（如十一齿、十四齿）多是用来清除杂草和平整土地用的，而粪耙齿长且结实，有三四个齿足矣。

钉钯是古代兵器，杆长齿利，在明代抗倭战斗中曾是军中利器。其历史悠久，是由农具演变而来，这也充分反映了中国农耕文明的底色。

如意金箍棒与孙悟空，九齿钉钯与猪八戒，堪称经典绝配。

唐僧师徒喝的『素酒』是什么酒？

《西游记》第十二回，玄奘从长安出发，前往西天取经。唐太宗李世民在城关外亲自为玄奘举酒送行：

　　玄奘又谢恩，接了御酒，道："陛下，酒乃僧家头一戒，贫僧自为人，不会饮酒。"太宗道："今日之行，比他事不同。此乃素酒，只饮此一杯，以尽朕奉饯之意。"三藏不敢不受。接了酒，……复谢恩饮尽，辞谢出关而去。

　　唐太宗捧给玄奘的是一杯"素酒"，素酒是什么酒？酒是由粮食或者水果酿造的，当然是素的，难道还有用肘子或者鸡腿酿的酒吗？

我们先来看看两位翻译家是怎样理解这段话的。

余国藩教授的译文：

> Thanking him, Xuanzang accepted the wine and said, "Your Majesty, wine is the first prohibition of priesthood. Your poor monk has practiced abstinence since birth." "Today's journey," said Taizong, "is not to be compared with any ordinary event. Please drink one cup of this dietary wine, and accept our good wishes that go along with the toast." Xuanzang dared not refuse; he took the wine and … thanked the emperor once more and drained the cup.

詹纳尔教授的译文：

Thanking the Emperor for his kindness, he accepted the cup of wine with the words, "Your Majesty, liquor is the first of the things from which a monk must abstain, and so I have never drunk it." "Today's journey is exceptional," Taizong replied, "and besides, this is a nonalcoholic wine, so you should drink this cup and let us feel that we have seen you off properly." Unable to refuse any longer, Sanzang took the wine … and thanking the Emperor once more he drained the cup.

从上面的译文看，两位译者都注意到了"素酒"的含义，只是表达方式有差异。余国藩教授用 dietary wine 来翻译素酒，dietary 是 diet 的形容词形式，指为健康等目的特别设计的饮食，如 diet coke（无糖可乐）和 diet drinks（低热量饮料）。dietary wine 在这里可以理解为专为斋戒的人准备的低度酒或不含酒精的饮料。詹纳尔教授将"素酒"直接翻译成 nonalcoholic wine（不含酒精的葡萄酒），简洁明了，更易于外国读者接受。

那么，"素酒"到底是什么酒？出家人究竟能不能喝呢？

"素酒"一般指没有经过蒸馏的低度酒，米酒、水果酿制的酒均属于素酒。"素酒"又叫"小酒"，《宋史·食货志》云："自春至秋，酝成即鬻，谓之'小酒'。……腊酿蒸鬻，候夏而出，谓之'大酒'。"我不是酿酒的行家，仅能从字面上理解个大概。不过，出家人对于粮食酿制的酒还是比较介意的。古代社会，生产力低下，填饱肚子已经非常不易，用粮食来酿酒则是一件十分奢侈的事情，在佛家看来，属于糟蹋粮食，夺人口粮，甚至是间接杀生。所以，《西游记》中唐僧师徒喝的素酒极有可能是水果酿制的低度酒。这一点，我们从小说的描述中也能找到一些佐证。

《西游记》第八十二回，金鼻白毛老鼠精将唐僧捉住，要与这位和尚哥哥成亲：

那妖精露尖尖之玉指，捧晃晃之金杯，满斟美酒，递与唐僧，口里叫道："长老哥哥，妙人，请一杯交欢酒儿。"三藏羞答答的接了酒，望空浇奠，心中暗祝道："护法诸天、五方揭谛、四值功曹：弟子陈玄奘，自离东土，蒙观世音菩萨差遣列位众神暗中保护，拜雷音，见佛求经，今在途中，被妖精拿住，强逼成亲，将这一杯酒递与我吃。此酒果是素酒，弟子勉强吃了，还得见佛成功；若是荤酒，破了弟子之戒，永堕轮回之苦！"孙大圣，他却变得轻巧，在耳根后，若像一个耳报，但他说话，惟三藏听见，别人不闻。他知师父平日好吃葡萄做的素酒，教吃他一钟。

从上面唐僧的心理独白我们知道，如果是素酒，勉强吃了，还不算罪过；如果是荤酒（高度酒），就算是破戒，那麻烦就大了。另外，孙悟空还向我们透露了一个重要信息，那就是唐僧平时还是喜欢喝一点小酒的，当然是葡萄酿的素酒。

为什么出家人可以喝一点低度酒呢？原来，

戒也是有区别的。在佛门五戒中，饮酒戒是唯一的"遮戒"。"遮"，制止之意，是对轻罪的禁戒。《佛教汉英词典》中"遮戒"的翻译是 secondary commandment /secondary rule。其他如杀、盗、淫、妄等戒，均属"性戒"（commandment based on the primary laws of human nature），即当初无论佛陀是否制戒，原本就应当持守之戒。喝酒本身不是问题，喝大了才是问题，容易让人偏离正道，犯杀、盗、淫、妄等"性戒"。所以，饮酒戒关注的不是喝不喝，而是喝什么、喝多少。唐僧师徒虽然出家持戒，但也不是活在真空当中，还要同皇帝、官府、百姓，甚至妖精打交道，一些特殊的场合，还是要应酬的，如唐太宗送行的素酒，唐僧能不给面子吗?

《西游记》中，唐僧几次饮酒，控制得都很好，能推辞尽量推辞，实在推不开，只饮一杯，更多情况下是让徒弟代饮。当然，悟空、八戒和沙僧还是很愿意承担这项任务的。小说第十九回有一段关于师徒在高老庄参加答谢宴会的描写，非常有意思：

高老把素酒开樽，满斟一杯，奠了天地，然后奉与三藏。三藏道："不瞒太公说，贫僧是胎里素，自幼儿不吃荤。"老高道："因知老师清素，不曾敢动荤。此酒也是素的，请一杯不妨。"三藏道："也不敢用酒。酒是我僧家第一戒者。"悟能慌了道："师父，我自持斋，却不曾断酒。"悟空道："老孙虽量窄，吃不上坛把，却也不曾断酒。"三藏道："既如此，你兄弟们吃些素酒也罢。只是不许醉饮误事。"遂而他两个接了头钟。各人俱照旧坐下，摆下素斋。说不尽那杯盘之盛，品物之丰。

从这一段描写我们可以看出，僧人的饮酒戒是相对宽松的，至少小说里是这样。悟空和八戒从来就没有断过酒，而且唐僧也允许他们吃些素酒。另外，唐僧叮嘱徒弟不要"醉饮误事"，说明素酒不是不含酒精的饮料，而是有一定度数的。

詹纳尔教授的译文：

Squire Gao opened a pot of wine, from which he filled a cup and poured a libation to Heaven and Earth before handing it to Sanzang. "Frankly, sir," Sanzang said, "I have been a vegetarian from the womb, and have not consumed strong-flavoured food since my earliest childhood."

"Venerable master, I know that you are a vegetarian," Squire Gao replied, "which is why I haven't pressed any meat or strong-flavored food upon you. But this wine is made from vegetable matter, so a cup of it will do no harm." "I don't drink either," Sanzang explained, "as alcohol is the first of the prohibitions of the priesthood." "Master," Pig hastily interjected, "I may be a vegetarian, but I haven't given up liquor." "And although I haven't a strong head for the stuff and can't finish a whole jar of it, I haven't given it up either," Monkey added. "In that case you two had better drink some; but don't get drunk and ruin everything," said Sanzang. The pair of them then took the first cup, after which everyone sat down again as the vegetarian dishes were brought in. Words could not describe the flowing cups, the well-filled dishes, and the splendid food.

高老庄的庄主是乡绅，书中称其为高老；悟空没大没小，管人家叫老高。高老与老高，一颠一倒，相差不少，詹纳尔教授的翻译是 Squire Gao（高老）和 Gao, old chap（老高）。余国藩教授将高老译成 old Mr. Gao，显得很现代很西洋。"胎里素"，用 being vegetarian from birth 或者 being vegetarian from the womb 均可。出家人所说的"荤"的概念，并不单纯指肉食，还包括葱、蒜等有刺激味道的东西，翻译成英文就是

meat and strong-flavoured food。最后一句话，"说不尽那杯盘之盛，品物之丰"，是汉语文学作品中常见的表达方式，但要想恰如其分地译成英文并不容易。余国藩教授的译文：We cannot tell you in full what a richly laden table that was, and what varieties of delicacies were presented. 詹纳尔教授的译 文：Words could not describe the flowing cups, the well-filled dishes, and the splendid food. 两位译者的翻译，一个周密细致，一个简单明了，都值得我们学习参考。

　　一杯素酒，竟然引出这么多话来。中国文化，历史悠久，博大精深，许多词语都有其独特的内涵。如果不了解中文词语的含义及其背后的文化背景，怎么能准确地翻译给外国读者呢？即便勉力为之，也会出漏洞，经不住推敲。

《西游记》诗词及英译探讨

中国古代章回体小说中，往往会嵌入大量的诗词，这在世界文学领域也是一个比较特殊的现象。形成这样一个文化传统的原因大致有两个，一个是诗歌在文学中的源头地位，另一个则是中国说书传统对章回体小说的影响。

《西游记》中约有700首诗词，这些诗词，或烘托气氛，或交代背景，或阐释道理，都是小说情节的重要组成部分。

第十七回，唐僧师徒借宿在观音院，没想到锦襕袈裟被黑熊怪盗走。孙悟空虽然本领高强，却也一时半会无法降服黑熊怪。唐僧的锦襕袈裟原是如来佛祖所赐，要是真的丢了，怎么向佛祖交代？即使到了西天，恐怕也取不到真经。后来，还是在观音菩萨的帮助下，孙悟空降伏了妖怪，锦襕袈裟失而复得。

这时的唐僧该是多么开心啊！前不久刚刚收了神通广大的徒弟孙悟空，又得了白龙马，真是春风得意马蹄疾。所以，作者在这个节骨眼儿上，用一首诗来衬托人物的心情：

草衬玉骢蹄迹软，柳摇金线露华新。

桃杏满林争艳丽，薜萝绕径放精神。

沙堤日暖鸳鸯睡，山涧花香蛱蝶驯。

这般秋去冬残春过半，不知何年行满得真文。

柳绿草青，桃杏争妍。面对大好春光，唐僧的心情当然是舒畅的，但一想到取经的旅程才刚刚开始，前路漫漫，又不禁忧从中来。时光荏苒，残春过半，什么时候才能功德圆满，取回真经呢？

对于中国读者来说，领会这首诗的含义并不难，但是外国读者能够通过这首诗体会到唐僧的心境吗？我们还是先来看看詹纳尔教授的翻译：

The grass cushions the horse's hooves,

New leaves emerge from the willow's golden threads.

Apricot vies for beauty with peach;

The wild fig round the path is full of life.

On sun-warmed sandbanks sleep mandarin ducks;

In the flower-scented gully the butterflies are quiet.

After autumn, winter, and half of spring,

Who knows when the journey will end as they find the true word?

詹纳尔教授没有说 the horse leaves light hoofprints

on the grass，而是用 grass 当主语，cushions the horse's hooves，厚厚的青草，缓和了马蹄的声响，放松了唐僧师徒（也包括读者）的心情。"露华新"翻译成 new leaves emerge，意思是柳枝绽出新芽，非常巧妙。余国藩教授将"露华新"理解为清晨的露珠，gold threads of willow swaying with fresh dew，金色的柳丝带着清晨的露珠摇曳生姿，也非常有诗意。中国的诗词往往不限于一种解释，所谓"诗无达诂"，也正是其魅力所在。"桃杏满林争艳丽"，詹纳尔教授用 vie for beauty 来翻译"争艳丽"，更突出春意盎然、生机勃勃的景象，因为 vie 比 compete 要激烈，是 compete strongly 的意思。薜萝指薜荔和女萝，两者皆为野生，植物，解释起来过于麻烦，所以他直接用大家都熟悉又与薜荔同是桑科榕属的无花果（wild fig）来翻译薜萝；如果使用薜荔的学名 Ficus pumila 来翻译，那就不是诗了。另一个有意思的地方是"山涧花香蛱蝶驯"中的"驯"字。究竟应该怎么理解，如何翻译？"驯"字源自驯马，让马听话、顺从。可是，蝴蝶能驯吗？恐怕不行。我的理解是，这首诗中的"蛱蝶驯"，指的是在宁静的山涧里，鲜花盛开，蝴蝶很放松、很自在地飞舞。詹纳尔教授将这句话译为 In the flower-scented gully the butterflies are quiet，意思是蝴蝶们很安静，已经很接近"驯"了。可以说，詹纳尔教授将原诗中轻松愉快的气氛非常准确地传递给了读者。

欣赏着明媚的春光，唐僧师徒步履轻快，来到了高老庄。作者又是用一首诗描述了眼前的田园风光：

竹篱密密，茅屋重重。参天野树迎门，曲水溪桥映户。道旁杨柳绿依依，园内花开香馥馥。此时那夕照沉西，处处山林喧鸟雀；晚烟出爨，条条道径转牛羊。又见那食饱鸡豚眠屋角，醉酣邻叟唱歌来。

小桥流水，野树迎门，炊烟袅袅，牛羊晚归，这是多么惬意的田园生活！《西游记》的作者高就高在这里：先用一首田园诗把读者带入宁静祥和的气氛，随后，突然一个转折，冒出一个妖精来，让读者的心情顿时紧张起来。

这个妖精倒也不是外人，而是唐僧未来的二徒弟猪八戒，受观音菩萨点化，在这里等待唐僧的到来。

面对齐天大圣孙悟空，猪八戒竟然诗兴大发，用一首好长好长的诗来推介自己。因篇幅太长，不能在此全文引用，只能节选几段。

猪八戒先介绍了自己的来历，并讲述了修炼成仙的过程：

得传九转大还丹，工夫昼夜无时辍。

上至顶门泥丸宫，下至脚板涌泉穴。

周流肾水入华池，丹田补得温温热。

婴儿姹女配阴阳，铅汞相投分日月。

离龙坎虎用调和，灵龟吸尽金乌血。

三花聚顶得归根，五气朝元通透彻。

功圆行满却飞升，天仙对对来迎接。

朗然足下彩云生，身轻体健朝金阙。

虽然修炼成仙，又当上了天蓬元帅，但猪八戒没能守住底线，在王母娘娘的蟠桃会上饮酒过度，犯下罪过。八戒是个实在人，对自己不光彩的历史毫不隐瞒，依旧振振有词：

那时酒醉意昏沉，东倒西歪乱撒泼。

逞雄撞入广寒宫，风流仙子来相接。

见他容貌挟人魂，旧日凡心难得灭。

全无上下失尊卑，扯住嫦娥要陪歇。

调戏民女都属犯罪，更何况是骚扰月宫仙子嫦娥呢！如果不是太白金星出面说情，猪八戒就没命了。最后，玉皇大帝开恩，从轻发落，打了两千锤，差一点将其打残废。也亏得他体格强壮，皮糙肉厚，才算逃得一命。

改刑重责二千锤，肉绽皮开骨将折。

放生遭贬出天关，福陵山下图家业。

我因有罪错投胎，俗名唤做猪刚鬣。

猪八戒的这首长诗，既有自我介绍，又有自

我剖析，读起来很有意思，但翻译起来却很难，尤其是讲他修炼过程那一段。先不说别的，要想把泥丸宫、涌泉穴和丹田三个部位用英语说清楚就是一个极大的难题。Mud Ball Palace、Bubbling Spring Points、Cinnabar Field 都是什么？"周流肾水入华池"，肾水是什么水？还有，婴儿姹女（Baby and Fair Girl）、铅汞相投（lead and mercury mixed）、三花聚顶（three flowers joined on the top）、五气朝元（five breaths faced their source），这些都是道家修炼的术语和法门，中国人有几个能明白？何况外国读者。

话说回来，外国读者也用不着耗费那么多脑细胞去捉摸什么 Baby and Fair Girl、lead and mercury，他们只要知道猪八戒很厉害很玄乎就可以了。

《西游记》中还有很多描写人物衣着容貌和神仙打架的诗，有些在前文已经提及，在此就不赘述了。最后，再来看一首哲理诗。这首诗揭示

的是人性，说它是哲理诗未必准确，姑且这样
称之。

　　争名夺利几时休？早起迟眠不自由！

　　骑着驴骡思骏马，官居宰相望王侯。

　　只愁衣食耽劳碌，何怕阎君就取勾？

　　继子荫孙图富贵，更无一个肯回头！

　　这几句诗简直就是西游版的《好了歌》，用
不同的比喻揭示了人的贪念和执念，是老百姓对
人生的朴素认识。全诗通俗易懂，读起来也朗朗
上口，就像顺口溜一样。

　　我们来欣赏一下余国藩教授的译文：

When will end this quest for fortune and fame,

This tyrant of early rising and retiring late?

Riding on mules they long for noble steeds;

By now prime ministers, they hope to be kings.

For food and raiment they suffer stress and strain,

Never fearing Yama's call to reckoning.

Seeking wealth and power to give to sons of
sons,

There's not one ever willing to turn back.

余教授将诗的前两句合译为一句，"When
will end this quest for fortune and fame, this tyrant
of early rising and retiring late?"用 tyrant 来比喻
人们对名利的追逐（quest for fortune and fame），
是这个贪婪的"暴君"迫使人们早起晚睡，没有
自由。在这里，tyrant 可以形象化地理解为暴君，
也可以理解为使人痛苦的事物。英国人有时说
到岁月不饶人或者岁月无情时，会用 that tyrant,
time 来表达。"只愁衣食耽劳碌"译作 for food
and raiment they suffer stress and strain。我们平时
说话提到衣食二字，用 food and clothing 比较恰
当，放在诗中则显得过于平白。raiment 也是指衣
服，是个很古老的词，常用在诗中。"何怕阎君就

取勾"，说的是人们为钱财、衣食奔波忙碌，顾不上害怕阎王来取命勾魂。阎王，英文中有两个说法，Yama 和 King of Hell。Yama 来自梵文，中文一般译为"阎摩"，是印度传说中第一个死去的人，后来成为阴间的统治者和审判者；King of Hell 更像是中国人说的阎王爷。"取勾"，也就是索命，余教授的翻译是 Yama's call to reckoning，意思是阎王要找你算总账；詹纳尔则直接译为 the King of Hell will come to get them，更为简洁明了。

《西游记》中的诗词，或许不像唐诗宋词那样经典，但却有很强的功能性——描写景物，讲述故事，调动情绪，控制节奏。

中国古代的章回体小说是由说书的话本演变发展而来。在那个时代，拥有书本、能够读书认字的人不多，普罗大众都是聚集在茶馆酒肆，通过听书，集体消费一部书。说书人开讲之前，将醒木一拍，几句意味深长的定场诗，立刻就把听众的注意力集中起来；讲到关键处，一段贯口般的长诗，一口气把气氛推向高潮；故事结束时，几句言简意赅的评论诗或哲理诗，让听者意犹未尽，回味无穷。那一刻，诗就像酒一样，让听众陶醉不已。开场诗，如开胃酒，提神起兴；中场诗，如开怀畅饮，逸兴遄飞；结尾诗，如收杯酒，唇齿留香。

今天，人们的阅读习惯已经从群体阅读转变为个体阅读，不需要有人控制时间和情绪的节奏，诗词在这方面的功能也就不复存在了。阅读习惯发生变化的同时，诗词更是成了小众的奢侈品。作家若无深厚的文化"家底"和"才力"，就不能提供这款文化奢侈品，大众也就没有享受的福分了。

图书在版编目 (CIP) 数据

敢问路在何方：《西游记》英译品读 / 王晓辉著
. -- 北京：外文出版社，2023.12
（"译中国"文库）
ISBN 978-7-119-13842-8

Ⅰ.①敢… Ⅱ.①王… Ⅲ.①《西游记》- 英语 - 文
学翻译 - 研究 Ⅳ.① H315.9② I207.414

中国国家版本馆 CIP 数据核字 (2023) 第 237933 号

出版指导：胡开敏
出版策划：许　荣
出版统筹：文　芳
项目协调：熊冰頔
英文审校：徐汀汀
责任编辑：张丽娟　史　敬
封面设计：星火设计实验室
版式设计：北京维诺传媒文化有限公司
印刷监制：章云天

敢问路在何方

《西游记》英译品读

王晓辉 著

© 2023 外文出版社有限责任公司
出 版 人：胡开敏
出版发行：外文出版社有限责任公司
地　　址：中国北京西城区百万庄大街 24 号　　　邮政编码：100037
网　　址：http://www.flp.com.cn　　　　　　　电子邮箱：flp@cipg.org.cn
电　　话：010-68320579（总编室）　　　　　　010-68995852（发行部）
　　　　　010-68995861（编辑部）
印　　刷：北京盛通印刷股份有限公司
经　　销：新华书店 / 外文书店
开　　本：787mm×1092mm　1/32
印　　张：7.5　　　　　　　　　　　　　　　　字　　数：150 千字
装　　别：精装
版　　次：2023 年 12 月第 1 版第 1 次印刷
书　　号：ISBN 978-7-119-13842-8
定　　价：69.80 元